LA SAGESSE VIVANTE DE L'ÉGYPTE ANCIENNE

DU MÊME AUTEUR

(*voir en fin de volume*)

CHRISTIAN JACQ

LA SAGESSE VIVANTE DE L'ÉGYPTE ANCIENNE

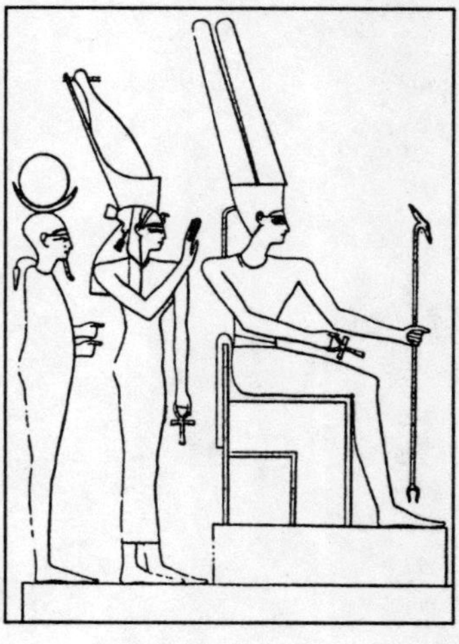

ROBERT LAFFONT

ISBN 2-221-08766-6

À Françoise,
en souvenir des heures lumineuses vécues
au pays des sages

Introduction

Sur les pas des sages

L'Égypte pharaonique fut le pays des sages. Pendant plus de trois millénaires, ils eurent comme souci premier la recherche d'un accomplissement spirituel grâce à la mise en pratique de la sagesse, incarnée dans une déesse, Maât.

Maât est la rectitude, la droiture, la vérité, la justesse et la justice, la règle immuable de l'univers, la cohérence, la solidarité. Elle est radicalement opposée à *isefet*, le chaos, le désordre, le laisser-aller, le mal sous toutes ses formes.

Les sages d'Égypte rédigèrent des « Enseignements » pour ouvrir l'esprit, élargir le cœur, en faire le réceptacle de Maât, symbolisée à la fois par la plume rectrice qui permet à l'oiseau de diriger son vol, par le socle sur lequel sont posées les statues rendues vivantes par les rites et par le gouvernail qui rend le juste capable de traverser avec bonheur le fleuve de l'existence pour aborder au rivage de l'éternité.

Le terme *sebayt*, « enseignement », est formé sur la racine *seba*, dont les autres significations sont « la porte » et « l'étoile ». Or ces textes sont bien des portes ouvrant sur la connaissance des éléments fondamentaux de la sagesse, ainsi que des étoiles destinées à nous guider sur le chemin de la vie.

Vaincre l'ignorance est essentiel. Nul n'est né sage, et il faut accomplir de sérieux efforts pour développer les qualités qui rendent apte à « dire et à faire Maât » sans se laisser prendre aux pièges mortels de la vanité et de l'avidité. Chaque jour, les oreilles, « les vivantes », doivent être à l'écoute des paroles de sagesse ; si l'entendement est bon, la rectitude sera réelle. De cet entendement naît l'acte juste, en conformité avec Maât. Un acte dépourvu d'égoïsme, un acte utile et lumineux pour autrui, à condition de respecter une règle d'or : agir pour celui qui agit.

« Celui qui connaît la réalité, les mythes et les rituels » : tel se présente le sage égyptien, au cœur vigilant, à la langue capable de trancher, à la parole efficace, capable de satisfaire Dieu et les dieux parce que son existence entière repose sur la connaissance et non sur la croyance. Adepte du calme et du silence, il s'éloigne du bouillant, du bavard et de l'envieux. Accomplir ce qui est droit, rechercher l'excellence en toute chose, ne jamais fuir ses responsabilités, vénérer ce qui est plus grand que lui sont quelques-uns des devoirs quotidiens du sage.

C'est parce que la civilisation égyptienne a su créer des êtres de cette trempe qu'elle a vaincu le temps, la barbarie, les envahisseurs et la folie destructrice. Malgré les coups qui lui furent portés, cette sagesse continue à rayonner, à nous toucher. Et c'est elle, sans doute, qui constitue le véritable secret des anciens Égyptiens.

Que sait-on sur les sages, auteurs de ces « Enseignements » ? Parmi eux, des pharaons comme Amenemhat Ier qui écrivit un testament spirituel pour son successeur Sésostris Ier, afin de lui faire part de son expérience et de lui donner des conseils relatifs à l'art de gouverner avec sagesse. Avant lui, un autre roi avait agi de même envers le futur pharaon Merikarê. Il est probable que beaucoup de souverains rédigèrent ce type de textes, mais leurs œuvres ont été perdues. Certaines sommeillent peut-être encore dans les sables.

Hor-djedef, fils du pharaon Khéops, le célèbre bâtisseur de la grande pyramide de Guizeh, nous a légué un « Enseignement » qui lui valut une réputation de sagesse, condition indispensable pour devenir l'un des conseillers du monarque. Les vizirs, chargés par Pharaon de faire vivre Maât sur terre et de la placer au cœur des rapports sociaux, furent également des auteurs d' « Enseignements », tel Ptah-hotep, dont les paroles furent miraculeusement préservées par un seul papyrus. C'est à l'âge de cent dix ans, traditionnellement attribué aux sages, que ce vizir de la VIe dynastie jugea bon de mettre par écrit son expérience et de la transmettre aux générations futures. Et c'est à Kagemni, vizir des pharaons Houni et Snéfrou, fondateur de la IVe dynastie, que fut adressé le premier « Enseignement » connu, dont seul le début a échappé à la destruction. Il est probable qu'Imhotep, le génial bâtisseur de la pyramide à degrés de Saqqara, écrivit des préceptes qui restent à découvrir, de même que sa tombe.

D'autres sages, comme Ipou-our, sont des prophètes : ils prédisent des catastrophes qui surviendront si l'on ne respecte plus la règle de Maât. Dans le chaos et dans le malheur, une seule solution pour revenir à l'harmonie : rechercher la sagesse et la mettre en œuvre.

Au Nouvel Empire, époque de la splendeur de Karnak et de la création de la Vallée des Rois, deux figures de sages se détachent de notre documentation : celle d'Ani, un fonctionnaire de rang moyen qui rédigea un « Enseignement » pour son fils spirituel, et celle d'Aménémopé, scribe de Thot qui veillait sur le cadastre, les poids et les mesures. Leurs œuvres connurent une large diffusion, comme celle de Ptah-hotep, et certains passages du *Livre des Proverbes*, dans la Bible, s'inspirent d'Aménémopé.

Il n'existe guère d'anecdotes concernant les sages et il faut attendre les derniers feux de la civilisation égyptienne, et « l'Enseignement d'Ankh-sheshonq », pour apprendre que ce dernier rédigea son œuvre en prison. Le sage avait découvert un complot contre le roi mais ne l'en avait pas informé parce que son meilleur ami s'y trouvait mêlé. Mais rien ne nous garantit qu'il ne s'agit pas d'une légende édifiante : même incarcéré, le sage ne doit penser qu'à transmettre son enseignement.

Dans ce florilège, nous ne nous sommes pas limité aux seuls « Enseignements », car les *Textes des Pyramides*, les *Textes des Sarcophages*, le *Livre de sortir au jour*, les textes gravés sur les murs des temples et sur les stèles, des récits comme le *Conte de l'oasien* et d'autres documents encore nous offrent des maximes d'une grande richesse. Dans cet immense trésor, nous avons fait un choix en privilégiant les préceptes dont la traduction est établie avec un bon coefficient de certitude. Il faut savoir, en effet, que ces textes sont souvent d'une grande difficulté et que bien des passages posent encore des problèmes insolubles. Les fouilles ne doivent pas se limiter aux seuls monuments, et de belles découvertes sont promises aux chercheurs qui exploreront les multiples formes de la littérature égyptienne.

INTRODUCTION

Ce livre se présente comme un cheminement dans les paysages de la pensée égyptienne et il prouve, s'il en était besoin, que la grande voix des sages de l'ancienne Égypte ne s'est pas éteinte. Avec une vigueur surprenante, elle continue à nous parler et à répondre à bien des interrogations fondamentales. La question ne nous est-elle pas directement posée : qu'y a-t-il de plus urgent et de plus essentiel que de rechercher la sagesse ?

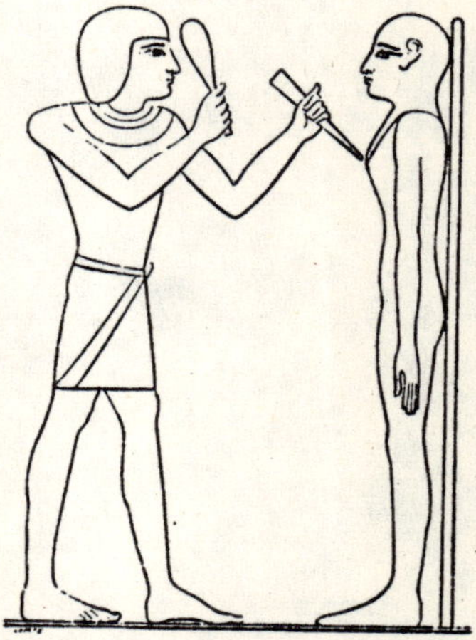

1

Puissance de la parole des sages

Les scribes pleins de sagesse,
Depuis le temps qui vint après les dieux,
Et dont les prophéties se réalisèrent,
Leurs noms durent éternellement...
Ils n'ont point projeté de laisser derrière eux pour héritiers
Des enfants de leur chair, qui conserveraient leur nom :
Ils se sont fait pour héritiers
Les livres et les enseignements qu'ils ont écrits.
Des livres, ils ont fait leurs prêtres,
De la palette de scribe, ils ont fait leur fils bien-aimé,
Leurs enseignements sont leurs pyramides,
La plume était leur fils,
La tablette leur épouse...
Les sages qui prédisaient l'avenir,
Ce qui sortait de leur bouche se réalisait,
On découvre qu'une chose est un proverbe
Et qu'elle se trouve dans leurs écrits...
Alors même qu'ils ont disparu,
Leur puissance magique atteint tous ceux qui lisent leurs écrits.

Texte dans A.H. Gardiner, Hieratic Papyri in the British Museum, *p. 38 sqq ; traduction de S. Schott et de P. Krieger, in* Les chants d'amour de l'Égypte ancienne, *Paris, 1956, pp. 160-161.*

Commencement de la parole pour (apprendre) la vie,
Instructions pour le bien-être,
Toutes les règles pour les relations avec les Anciens,
Pour la conduite envers les dignitaires,
Pour savoir comment répondre à celui qui parle,
Pour donner une réponse à celui qui envoie un message,
Pour diriger (celui qui écoute) sur les chemins de vie et le rendre prospère sur terre,
Pour faire entrer son cœur dans la chapelle
En naviguant à l'écart du mal.

Aménémopé

Vois : je te dis des conseils excellents.
Éprouve-les en ton cœur.
Agis ainsi,
Tu deviendras un être accompli,
Tout mal sera écarté de toi.

Ani

Lis bien ces textes :
Ils informent et éduquent.
Ils rendent sage l'ignorant.
Si on les lit à l'ignorant,
Il est purifié grâce à eux.
Sois rempli de ces textes,
Mets-les dans ton cœur.

Aménémopé

2

Le chemin de la rectitude

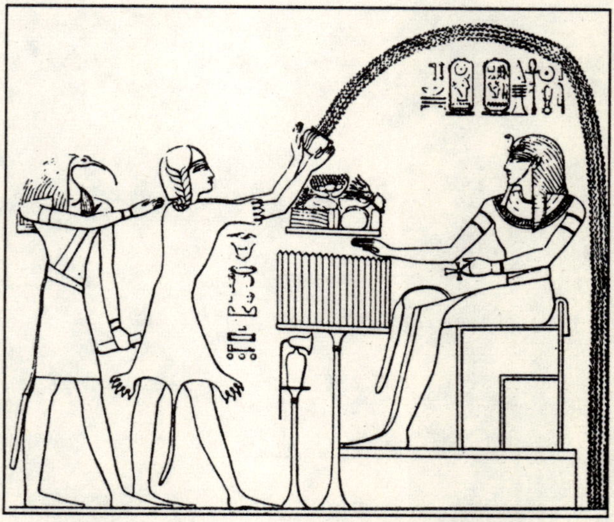

Vivre selon Maât

La rectitude (Maât) est apparue dans le cœur de la lumière divine (Râ).

Temple d'Hibis (oasis de Khargeh)

C'est Dieu qui envoie la vérité.

Ani

La vérité (Maât) est un grand don de Dieu.
Il la donne à qui il veut.
La puissance de celui qui lui ressemble sauve le malheureux de celui qui le persécute.

Aménémopé

Fais la justice (Maât) pour le maître de la justesse (Maât), dont la justice est justesse.

Conte de l'oasien

Vous tous qui entrez dans le temple de Ptah et en sortez...
Vous aimerez la vie,
Vous oublierez la mort.
J'ai mis la justice (Maât) à sa place,
Sachant que c'était le désir de Dieu.

Statue de Tja-ba-neb-dedenimou (Mélanges Mokhtar I, Institut français d'archéologie orientale, 1985, p. 188)

Puissé-je voir la vérité devant le maître de la totalité.
Puissé-je offrir la rectitude au maître de l'univers.
Je vivrai (ainsi) aux côtés du maître de la vie,
J'agirai conformément à ses préceptes.

Textes des Sarcophages, chapitre 534

Établis la place de Maât pour Pharaon,
Car la rectitude (Maât) est ce qu'aime Pharaon.
Dis à Pharaon ce qui est de la nature de Maât,
Car c'est la vérité que le roi aime.

Kagemni

Pharaon a mis la rectitude (Maât) à la place de l'iniquité.

Textes des Pyramides, 1775 b

Ce qui convient à un pharaon, c'est la rectitude.
C'est l'intérieur de sa maisonnée qui impose le respect à l'extérieur.

Merikarê

J'ai magnifié la Règle (Maât) qu'aime le principe divin,
Je sais qu'il en vit.
Elle est aussi mon pain,
Je bois sa rosée,
Je forme un seul être avec elle.
Paroles de la reine Pharaon Hatchepsout (Spéos Artémidos, Journal of Egyptian Archaelogy (JEA), 32, 1946, pl. VI)

La lumière dans le ciel est mise en harmonie pour Pharaon.
Pour Pharaon, elle concilie la dualité dans l'harmonie.
Pour Pharaon, l'obscurité est mise en harmonie.
L'harmonie universelle (Maât) et ce qui est apporté à Pharaon,
Elle est ce qu'il voit et ce qu'il entend.
L'harmonie universelle est devant Pharaon et derrière lui,
L'harmonie universelle lui appartient.
Textes des Pyramides, 34

Le bonheur équilibré d'un pays est la conséquence de l'accomplissement de la justice.
Conte de l'oasien

La force d'un pharaon est la justice.
On détruit les monuments d'un destructeur.
Les actes d'un menteur ne durent pas.
Kanais, Inscription de Séthi Ier

Grande est la Règle (Maât),
Durable son efficacité.

Elle n'a pas été perturbée depuis le temps d'Osiris.
Quand vient la fin,
La Règle demeure.

Ptah-hotep

C'est toute pétrie que la vérité (Maât) vient au sage, conformément aux paroles des anciens.

Merikarê

Un grand vit de rectitude (Maât).
L'iniquité *(isefet)* est ce qu'il déteste.
Il se joint aux vénérables,
Il est le compagnon de la rectitude.

Pap. Brooklyn

Tout au long de ton existence terrestre,
Accomplis la rectitude (Maât).
Apaise celui qui souffre,
N'opprime pas la veuve,
Ne chasse pas un homme du domaine de son père,
N'empêche pas les grands de remplir leur fonction,
N'applique pas de châtiments iniques.

Merikarê

Toute mon existence fut celle d'un homme en fonction.
Le sceau que j'ai reçu, je l'ai préservé jusqu'à la fin de ma vie.
Il n'était jamais éloigné de moi, même quand je prenais du repos.
Quand des paroles étaient prononcées contre moi devant des juges, j'étais innocenté, et la fausse accusation retombait sur les accusateurs.

Tout acte s'est révélé efficace dans ma main, parce que j'étais un serviteur pur.

Meir, inscription de Pépi-ânkh dit « le moyen »

J'ai dit et j'ai pratiqué la justesse (Maât),
J'ai parlé en vérité,
J'ai transmis les paroles justes.
J'ai dirigé en justesse,
De manière à bénéficier de l'amour des humains.
J'ai départagé en justesse ceux qui s'affrontaient,
J'ai sauvé le faible de l'emprise du fort, autant qu'il m'a été possible.
J'ai donné du pain à celui qui avait faim,
De l'eau à celui qui avait soif,
Un vêtement à celui qui n'en possédait plus.
À celui qui était sans barque,
J'ai permis d'aborder à l'autre rive.
J'ai donné une demeure d'éternité
À celui qui n'avait pas de fils pour lui en construire une.

« Fausse porte » du mastaba de Sheshi (Saqqara)

J'ai accompli la justesse pour son maître,
J'ai satisfait Dieu avec ce qu'il aime.
J'ai dit et répété la rectitude.
J'ai formulé la rectitude et accompli la justice.
J'ai donné du pain à celui qui avait faim,
Des vêtements à celui qui était nu,
J'ai respecté mon père,
J'ai bénéficié de l'amour de ma mère à cause de la maîtrise que j'exerçais.
Je n'ai jamais proféré de paroles mauvaises contre quiconque,

Parce que je désirais l'accomplissement et l'état de vénérable auprès des dieux et des hommes, à jamais.

Mastaba d'Idou (Saqqara)

Veille à ce que toutes choses soient accomplies en justesse,
Rends justice à chaque homme.
Un juge doit avoir le visage découvert.
Eau et vent témoignent de ses actes que nul n'ignore.

Tombe de Rekhmirê (Thèbes), texte de l'installation du vizir

Ne prends pas (systématiquement) parti pour l'homme bien habillé,
Ne repousse pas (systématiquement) celui qui est mal habillé.
N'accepte pas le présent d'un homme puissant,
Ne sois pas injuste envers un faible pour avantager le puissant.

Aménémopé

Toute conduite doit être conforme au fil à plomb.

Ptah-hotep

Tiens-t'en fermement à la Règle,
Ne l'outrepasse pas.

Ptah-hotep

Maât et la vie éternelle

Sois conscient que l'éternité approche.
Pratiquer la justesse, c'est le souffle vital.

Conte de l'oasien

L'être sans rectitude n'entre pas dans la place de la Règle (Maât), le pays du silence.
Seul l'être au cœur droit est admis dans le bac,
Car le passeur ne traverse pas les êtres sans rectitude.
Comme il est heureux, celui qui aborde !

Hymne à Amon de Leyde (800)

Une manière d'agir sans rectitude ne parviendra pas au port.
L'homme en rectitude accostera.

Conte de l'oasien

Louange à toi, Harmonie de l'univers (Maât), souveraine du vent du nord !
Tu ouvres le nez des vivants,
Tu offres sans cesse le vent à qui vogue dans ta barque...
Permets-moi d'entrer dans les champs paradisiaques, de parvenir au champ des offrandes et de recevoir des aliments, chaque jour, sur toutes les tables d'offrandes de la cité du pilier.

Que mon cœur se meuve dans le royaume de dessous terre,
Que la bonne route me soit ouverte.

Stèle British Museum 551

Je fus un homme droit et juste,
Exempt de déloyauté,
Qui a placé Dieu dans son cœur,
Étant instruit de sa puissance.
Je suis arrivé à cette cité d'éternité
Après avoir bien agi sur terre.
Je n'ai pas provoqué d'affliction,
Aucun reproche ne m'a été adressé.
Mon nom n'a été prononcé en aucune circonstance négative,
À propos d'un vice quel qu'il soit.
Je connais la joie en formulant la rectitude,
Car je sais qu'elle est lumineuse
Pour qui la pratique sur terre,
De la naissance au trépas.
C'est un rempart solide pour qui la prononce,
En ce jour où il comparaît devant la confrérie du tribunal (de l'autre monde),
Qui juge le misérable,
Met à nu chacun,
Punit le coupable et décapite son âme.
J'ai mené mon existence en rectitude.
Écoutez-moi, vous qui existerez :
Pratiquez chaque jour la rectitude,
C'est un grain dont nul ne se rassasie.
Vous traverserez (ainsi) l'existence en douceur de cœur
Jusqu'au moment de rejoindre le bel Occident.

Votre âme aura pouvoir d'entrer et de sortir,
À l'instar des maîtres de l'éternité
Qui perdurent avec leurs ancêtres.

Stèle de Béky (Turin 156; voir Bulletin de l'Institut d'archéologie orientale (BIFAO), 54, 1954, pp. 129-135, Le Caire)

Rends belle ta position dans l'Occident,
Splendide ta demeure dans la cité des morts.
Grâce à la droiture et à la juste façon d'agir.
C'est là-dessus que le cœur d'un être peut se reposer.

Merikarê

La rectitude est pour l'éternité.
Elle descend dans le royaume de dessous terre avec celui qui la pratique.
Il est placé dans le tombeau,
Il s'unit à la terre,
Mais son nom n'est pas effacé,
On se souvient du bien qu'il a fait.
Telle est la règle, d'après les paroles divines.

Conte de l'oasien

Si tu mènes une existence en rectitude,
Tu te rajeuniras en ton temps,
Tu disposeras d'années comme la grenouille,
Tu reviendras comme tu es.

Chant du harpiste Nefer-sekhaou (Bulletin de la société française d'égyptologie (BSFE), 123, p. 23, Paris)

Le bien et le mal

Sache entendre les paroles prononcées en distinguant le bien du mal.

Amon-Nakht

Ne réponds pas au bien par le mal.
Ne confonds pas une chose avec une autre.

Conte de l'oasien

C'est contre celui qui fait le mal que le mal, inéluctablement, sera fait.

Urkunden VI, 71, 20

Le cœur de Dieu est en grande tristesse à cause du mal qu'il doit châtier.
Ce qui n'a pas été rétribué sur l'instant le sera un jour.

Règle du temple d'Edfou

J'ai accompli mon existence en recherchant le bien,
J'ai atteint en paix l'état de vénérable,
J'ai fait monter la rectitude auprès de Ta Majesté,
Jour après jour.
Je suis un homme équitable et juste,
Exempt de mal,
Mon cœur ne s'unit pas à une action mauvaise.

Texte de pyramidion (Rammant-Peeters, Pyramidions, p. 153)

Je fus un juste de cœur,
Sans succomber à la partialité,
Quelqu'un dont la démarche fut pondérée,
Dont les paroles furent intelligibles,
Un vénérable qui marcha sur le chemin de Dieu,
Et qui fut exempt d'injustice.
Si vous faites le bien,
On fera le bien pour vous.
Ce sera profitable pour vous à l'avenir,
En proportion de ce que vous aurez accompli.

Statue d'Ankh-pa-khered (Musée du Caire JE 37853, CdE LXVIII/135-6, p. 51 sqq.)

Je suis venu après avoir chassé le mal qui était en mon cœur,
et supprimé le désordre qui était en moi.
Je suis venu pour apporter la rectitude,
Étant apparu sous la forme de cette puissance créatrice
qui se nourrit de l'humanité et vit de la divinité.

Textes des Sarcophages, chapitre 306

Fût-il un personnage important, un homme dont la nature est mauvaise ne sait pas se tenir debout.

Ani

On ne peut ôter le poison du crocodile, du serpent et de l'homme mauvais.

Ankh-sheshonq

Même le petit serpent a du venin.

Ankh-sheshonq

Quand le crocodile se montre (tout entier), on mesure la crainte qu'on éprouve à son égard.
Un crocodile ne meurt pas d'angoisse, il meurt de faim.

Ankh-sheshonq

L'iniquité est capable de s'emparer de la quantité.
Mais jamais le mal ne mènera son entreprise à bon port.

Ptah-hotep

Les hommes responsables doivent combattre le mal,
Affirmer le bien,
Être des artisans qui font venir à l'existence ce qui doit être.

Conte de l'oasien

Punis principalement,
Enseigne complètement.
(Car) l'acte de stopper le mal sera l'établissement durable de la vertu.

Ptah-hotep

Rectifier est l'affaire d'un instant,
Mais le mal dure longtemps.

Conte de l'oasien

(Même) un petit mal se hâte vers la mort,
(Même) une petite bonne action n'est pas cachée à Dieu.

Ankh-sheshonq

3

Le dieu des sages

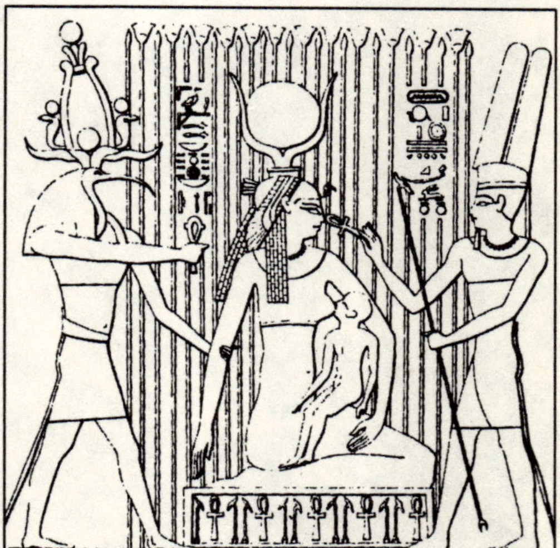

Dieu est un

Tu es dans l'état du Un.
Nul père ne t'engendre lors de ta manifestation,
Nulle mère ne t'enfante.

Hymne à Ptah (Sauneron et Yoyotte, La naissance du monde, p. 65)

Tu es l'unique,
Tu es l'être dont la manifestation exista avant la manifestation,
Tu es le créateur du ciel et de la terre,
Qui offre sans cesse la plénitude à tout être.

Stèle Lyon 88 (1176)

L'un qui est unique a créé ce qui existe,
Et la terre exista pour la première fois.
Ses naissances sont mystérieuses,
Ses formes innombrables,
Son origine est inconnue...
Toute forme d'existence vint à l'existence lorsque Son existence exista.

Rien n'existe en dehors de lui.
Il se voile à sa propre manifestation,
lampe rayonnante à la clarté généreuse.

Papyrus Caire 58032

Dieu est le sculpteur qui s'est sculpté lui-même,
Le modeleur qui n'a jamais été modelé,
l'Unique qui parcourt l'éternité.

Hymne des architectes Souti et Hor

Celui qui s'est créé lui-même et dont la forme demeure inconnue,
Manifestation parfaite qui se manifeste en tant que symbole sacré,
Qui créa ses statues et se créa lui-même,
Puissance accomplie qui organisa selon son cœur,
Qui réunit sa semence à son corps,
Et fait naître sa matrice dans le mystère.

Hymne à Amon de Leyde (40)

Un qui demeure unique,
(tout en) créant les êtres,
Un qui demeure unique,
(tout en ayant) de nombreux bras.
Forme unique qui créa tout ce qui existe,
Un qui crée les êtres et reste Un,
De ses yeux sortent les hommes,
De sa bouche naissent les dieux.

Hymne à Amon du Caire

Dieu multiple

Trois sont tous les dieux : Amon, Râ et Ptah.
Son nom est caché en tant qu'Amon,
Il est la lumière divine (Râ) par le visage,
Il se corporise en Ptah *.

Hymne à Amon de Leyde

Le Huit fut ta manifestation première,
jusqu'à ce que tu aies parfait ton Nombre,
Étant l'Un.
Ton corps est caché parmi ceux des Anciens,
Tu t'es caché en tant qu'Amon à la tête des dieux.

Hymne à Amon de Leyde

Dieu se manifeste dans des millions de formes.

Ani

Dieu caché

Parmi les hommes, les générations succèdent aux générations.
Dieu, qui connaît leurs caractéristiques, s'est caché.

Ani

* Amon, « le caché », est le maître de Thèbes ; Râ, la lumière divine agissante, celui d'Héliopolis ; Ptah, « le façonneur », patron des artisans, celui de Memphis.

Unique est le caché qui demeure voilé pour les dieux,
Sans que sa vraie forme soit connue.
Aucun d'eux ne connaît sa vraie nature qui n'est révélée dans aucun écrit.
Personne n'a pu le décrire,
Il est trop vaste pour être appréhendé,
Trop mystérieux pour être connu.
Qui prononcerait son nom secret serait foudroyé.

Hymne à Amon de Leyde (200)

Tu es le dieu caché (Amon),
Seigneur du silencieux,
Qui vient à l'appel de l'humble,
Toi qui donnes le souffle à qui en est privé.

Stèle Berlin 23.077

Dieu survient dans le vent, on ne le voit pas.
Sa présence habite la nuit.
Il crée ce qui est en haut comme ce qui est en bas.

Tablette Caire 46.891

Dieu se trouve dans l'eau primordiale,
Elle ne le rend pas inconnaissable,
Elle manifeste celui qui s'est caché en elle.

Merikarê

Celui qui dit : « Cela ne peut pas arriver », devrait regarder ce qui est caché.
Chaque jour, Dieu fait connaître sur terre le secret de son œuvre.

Ankh-sheshonq

Dieu et l'homme

L'homme est argile et paille,
Dieu est son bâtisseur,
il démolit et construit chaque jour.

Aménémopé

Les manœuvres du genre humain ne s'accomplissent pas.
C'est ce que Dieu ordonne qui s'accomplit.

Ptah-hotep

Dieu est toujours dans sa perfection.
L'homme est toujours dans son imperfection.
Les paroles des hommes sont une chose.
Les actions de Dieu une autre chose.

Aménémopé

Si la destinée et la fortune se produisent,
C'est Dieu qui les envoie.

Papyrus Insinger

Le chemin de Dieu

Ô mon maître Thot, deux fois grand,
Le Un unique,
Qui n'as pas ton pareil,

Qui entends et vois quiconque passe.
Qui connais quiconque vient,
À l'insu de qui rien ne s'accomplit !
Tu as poussé mon cœur à marcher sur tes eaux,
Celui qui marche sur ton chemin ne trébuche pas.

Pétosiris

Ô vivants actuellement sur terre,
Et ceux qui sont encore à naître,
Qui viendrez vers cette montagne,
Verrez ce tombeau et passerez auprès de lui.
Venez, je vous dirigerai sur le chemin de vie.
Vous naviguerez avec un vent favorable, sans accident,
Et vous arriverez à la demeure de la ville des générations.
Bon est le chemin de l'homme qui obéit à Dieu.
Heureux celui que son cœur pousse à le suivre !

Pétosiris

Il est lumineux de marcher sur le chemin de Dieu,
Grands sont les avantages réservés à celui qui s'applique à le suivre.
C'est un monument qu'il s'élève à lui-même sur la terre,
Celui qui s'attache à suivre le chemin de Dieu.
Celui qui se tient sur le chemin de Dieu,
Il passe toute sa vie dans la joie,
Comblé de richesses plus que tous ses pairs.

Pétosiris

Celui que Dieu guide ne peut commettre d'erreur.
Celui qu'il rend sans barque ne peut pas traverser.

Ptah-hotep

Servir Dieu

Accomplis le service mensuel de serviteur de Dieu,
Porte des sandales blanches,
Va au temple,
Entre dans le sanctuaire,
Mange le pain du temple de Dieu,
Renouvelle l'autel des libations,
Augmente les offrandes,
Prends soin de tes monuments en fonction de ta puissance.
Un seul jour peut être l'équivalent de l'éternité,
Une seule heure peut être efficace pour le futur,
Car Dieu connaît celui qui agit pour lui.

Merikarê

Célèbre la fête de ton dieu,
Et recommence à la bonne date.
Dieu est mécontent s'il est négligé.

Ani

Vénère Dieu sur ton chemin,
Quelle que soit sa forme manifestée,
Qu'il soit fait de pierres rares ou incarné dans une statue de cuivre.
Une forme remplacera une autre forme,
Comme l'inondation succède à l'inondation.

Merikarê

Tout ce qui est arpenté, du début à la fin de la corde d'arpentage, est Son cadastre.

Sa coudée royale mesure les pierres,
Il place le cordeau sur le sol,
Implante en justesse le pays et les temples.
Toute cité est placée sous Son ombre,
Son cœur s'y déplace selon Son désir.
Des chants s'élèvent pour Lui dans le temple,
Tout atelier est établi grâce à Son amour.
Les jours de fête, on brasse la bière pour Lui,
On passe la nuit à veiller devant les merveilles,
tandis que Son nom est prononcé sur le toit du temple
Et que s'élève Son chant.

Hymne à Amon de Leyde (60)

Mon cœur est orienté vers ta vue,
Maître des perséas.
Grâce à toi, on est rassasié sans manger,
On est désaltéré sans boire...
Tu es le père de celui qui n'a pas de mère,
Le mari de la veuve.
Comme c'est doux de prononcer ton nom!
Il a le goût de la vie,
Le goût du pain pour l'enfant,
Il donne la sensation d'une étoffe à celui qui est nu,
Il est semblable à un fruit.

Graffito de la tombe de Paîri

Qu'il n'y ait plus en moi de membre privé de Dieu.
Que le dieu de la connaissance (Thot) soit la protection de mon corps.

Livre second des Respirations

Mêle-toi aux dieux du ciel,
Que l'on ne fasse plus de différence entre toi et l'un d'entre eux.

Que ton corps devienne Celui qui est et n'est pas encore pour l'éternité.

Rituel de l'ouverture de la bouche

Dieu et la lumière

Dieu crée la lumière et les ténèbres dans lesquelles se trouvent toutes les créatures.

Ankh-sheshonq

Tu es la lumière divine qui apparaît dans le ciel,
Qui illumine la terre avec les perfections de ton œil étincelant,
Qui est sortie de l'océan des origines,
Qui est apparue au-dessus de l'eau primordiale,
Qui a créé chaque chose,
Qui a formé la grande Ennéade * des dieux,
Qui s'est engendrée de ses propres formes.

Amenhotep fils de Hapou

Tu apparais en perfection à l'horizon du ciel,
Disque vivant, à l'origine de la vie !
Dès que tu es levé dans l'horizon oriental,
Tu remplis chaque beauté de ta beauté ;
Tu es en plénitude, grand, rayonnant, élevé au-dessus des pays.

Grand hymne à Aton

* L'Ennéade est l'ensemble des puissances créatrices (neuf ou davantage) qui organisent l'univers.

Tu fais appel à la lumière divine,
c'est le principe des mutations qui entend,
c'est le principe créateur qui te répond.

Chant du harpiste (BIFAO)

Quand je marche sur les eaux célestes,
je vénère l'éclat du soleil comme lumière de mon œil.
Je suis le dieu grand, venu à l'existence de lui-même.
J'assemble mes noms.
Hier m'appartient, je connais demain.
Je suis le phénix, il n'y a pas d'impureté en moi.
Je connais le chemin,
Je me dirige vers l'île des justes,
Je parviens à la contrée de lumière,
Je reconstitue l'œil,
Je vois la lumière,
Je suis l'un de ces êtres de lumière qui habitent la lumière.

Livre de sortir au jour, chapitre 64

Je suis la lumière divine, maîtresse de la lumière.
Le Verbe est mien.
C'est grâce à lui que je traverse le ciel.

Textes des Sarcophages, chapitre 818

Je suis celui à la forme cachée qui se trouve au milieu de la lumière.
Je pénètre dans le feu et j'en sors sans que la lumière me transperce.

Textes des Sarcophages, chapitre 246

Pharaon a posé pour lui cette clarté qui est celle de la lumière divine comme escalier sous ses pieds.

Textes des Pyramides 1108a-b

Tu as empoigné la lumière,
Tu apparaîtras au jour comme la lumière parfaite de la lumière divine se levant sur toute région.

Rituel de l'embaumement

Lumière divine,
Permets-moi d'être au nombre de tes compagnons,
Membre de l'équipage qui vogue dans ta barque divine.

Stèle Florence 1572 (2575)

4

Le sage et l'univers

L'énergie céleste

Ô celui qui se trouve dans l'océan d'énergie,
À proximité du ciel,
Prépare la barque pour que j'arrive dans la contrée de lumière.

Textes des Sarcophages, chapitre 815

Je suis le dieu grand,
Venu à l'existence de lui-même.
Qui est-il ?
L'énergie.
L'océan d'énergie primordiale,
Le père des dieux.

Tombe de la reine Néfertari

Je suis le Sud,
Je suis le Nord,
Je suis l'Est,
Je suis l'Ouest,
Je suis le maître de l'univers.

Je suis sorti de l'océan d'énergie primordiale en même temps que la lumière divine.

Livre second des Respirations

Je suis un suivant de la lumière divine,
Quelqu'un qui a pris possession du ciel.
Je suis venu à toi, mon père Râ, lumière divine.
J'ai parcouru l'espace lumineux,
J'ai invoqué la Grande (le ciel),
J'ai fait le tour du Verbe,
J'ai franchi dans la solitude les ténèbres qui se trouvent sur le chemin de la lumière divine.
J'ai pris possession du ciel.

Livre de sortir au jour, chapitre 131

Trois est pour le ciel,
Deux pour la terre.

Textes des Pyramides 2156c

Les étoiles

Je grimperai sur l'espace lumineux,
Je traverserai l'esprit de la terre,
Je cheminerai dans la lumière
Et j'atteindrai l'étoile.

Textes des Sarcophages, chapitre 545

Puisses-tu monter,
Puisses-tu t'élever vers le ciel sous la forme d'une grande étoile qui est au milieu de l'Orient.

Textes des Pyramides 1038

Tu es, certes, cette étoile mise au monde par l'Occident, et tu ne périras pas.

Textes des Sarcophages, chapitre 9

Le visage du ressuscité est ouvert.
Il voit le maître de la contrée de lumière lorsqu'il parcourt le firmament,
Il le fait apparaître comme le dieu grand,
maître de l'éternité,
Étoile impérissable.

Textes des Sarcophages, chapitre 788

J'ai jubilé, car on m'a fait toucher le ciel.
Ma tête a percé le firmament,
J'ai éraflé le ventre des étoiles,
J'ai atteint l'allégresse,
De sorte que je brillais comme une étoile,
Que je dansais comme une constellation.

Tombe de Sarenpout (Assouan)

Je suis monté en hirondelle,
Je me suis posé en faucon.
J'ai été élevé vers l'endroit où se trouve la justesse,
Je me suis envolé vers les bienheureux en tant qu'hirondelle.
Les hirondelles sont les étoiles impérissables
Qui donnent au pharaon l'arbre de vie dont elles vivent.

Textes des Pyramides 1770a,
Textes des Sarcophages, chapitre 205

La nature

Le primordial des Deux Terres en communion,
Nourriture et substance devant l'Ennéade,
Esprit rayonnant bien assemblé parmi les esprits rayonnants :
C'est pour lui que l'océan d'énergie primordiale tire son eau.
C'est pour lui que le vent du nord va vers le sud,
C'est pour son nez que le ciel met l'air au monde,
Pour que son cœur connaisse la plénitude.
Les plantes croissent grâce à son cœur,
C'est pour lui que la terre rayonnante donne naissance à la nourriture.
Le ciel supérieur et les étoiles lui obéissent.

Stèle Louvre C 286

La vue des hommes s'ouvre quand ils Te voient.
Les arbres se tournent vers Son visage,
Vers Sa pupille unique,
Et s'ouvrent leurs feuilles.
Les poissons bondissent dans l'eau,
Le bétail gambade,
Les oiseaux battent des ailes,
Ils Le connaissent en Son moment de perfection.
S'ils vivent, c'est parce qu'ils Le voient chaque jour.

Hymne à Amon de Leyde (9)

Le Verbe se trouve dans les bœufs,
L'intuition connaissante dans les vaches.
Qu'on leur donne à manger, sans délai.

Pétosiris

Pharaon vit de l'arbre des fruits doux et de l'encensement qui est sur terre.

Textes des Pyramides 718c

Emplis ta main avec toutes les fleurs que ton regard peut contempler.
On a besoin d'elles toutes.
C'est bon de ne pas en être privé.

Ani

Il n'existe pas de rivière qui se laisse dissimuler, car elle rompt la digue qui la cachait.

Merikarê

5

Le sage et le temps

La rectitude existait à l'époque des ancêtres, la justice vint du ciel en leur temps, et elle s'unit à ceux qui se trouvaient sur la terre. Elle vivait dans l'abondance, les ventres étaient comblés, et les Deux Terres ne connaissaient pas de famine. Les murs ne croulaient pas, l'épine ne piquait pas, au temps des dieux primordiaux.

Urkunden VIII, 90 k

Ne te soucie pas des événements futurs,
Ne te réjouis pas de l'avenir.

Conte de l'oasien

Ne te prépare pas aujourd'hui au lendemain, avant qu'il ne soit là.
Hier n'est-il pas comme aujourd'hui dans la main de Dieu ?

Černy et Gardiner, Hieratic Ostraca I, 1957, pl. I/IA

Hier m'appartient, je connais demain.

Textes des Sarcophages, chapitre 335 A

Cette terre retournera à l'océan primordial, à l'infini qui fut son premier état.
Le principe créateur demeurera avec Osiris après s'être transformé en un autre serpent que les hommes ne connaissent pas et que les dieux ne voient pas.

Livre de sortir au jour, chapitre 175

Je suis l'Éternel,
Je suis la lumière divine qui est sortie de l'énergie primordiale en ce mien nom de Devenir.
Mon âme (*ba* *) est de nature divine.
Je suis celui qui a créé le Verbe.
Je viens à l'existence de moi-même, chaque jour,
Ma vie est l'éternité.

Textes des Sarcophages, chapitre 307

Un seul jour peut équivaloir à l'éternité.

Merikarê

Ce qui existe, c'est l'éternité masculine et l'éternité féminine. La première est le jour, la seconde la nuit.

Textes des Sarcophages, chapitre 335 A

Que ma récompense soit une belle demeure d'éternité,
Afin que je sorte sur terre sous forme de l'âme-oiseau
Pour contempler le maître des dieux.

Papyrus Chester Beatty IV (British Museum 10684)

* Symbolisé par un oiseau à tête humaine et une flamme, le *ba* est à la fois faculté de transcendance et capacité de manifestation.

Vivants qui êtes sur terre et qui passez devant ma demeure d'éternité,
Que vous remontiez ou descendiez le fleuve,
Prononcez ces paroles :
Que des milliers de pains et de cruches de bière soient offerts à celui qui habite cette demeure.
Ainsi vivrai-je éternellement dans la terre sacrée.

Tombe d'Hirkhouf (Assouan)

Il n'y a pas de demeure d'éternité pour le rebelle.

Stèle Caire 20538

6

La science du sage

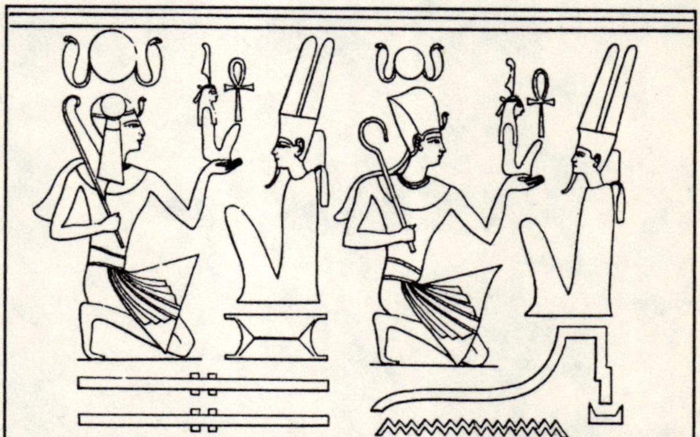

Le cœur

L'Ennéade a créé la vue au moyen des yeux et l'entendement au moyen des oreilles, et la respiration au moyen du nez.
Ces organes élèvent les perceptions jusqu'au cœur.
C'est grâce au cœur qu'existe toute connaissance, la langue formule ce que le cœur a conçu.
Ainsi naquirent toutes les puissances créatrices, l'être et le non-être (Atoum) et son Ennéade.
Toute parole divine se manifeste en fonction de la pensée du cœur et de la formulation de la langue.
Ainsi furent créées les énergies créatrices et les qualités de l'être.
Ainsi furent engendrés toutes les nourritures et tous les aliments bienfaisants, grâce au Verbe.
Ainsi fut donnée la vie au juste et la mort à l'individu inique.
Ainsi furent créés tous les modes de travail et tous les types d'artisan, l'action des mains et le mouvement des jambes, la mobilité de chaque membre, conformément

à l'ordre que le cœur conçut et que la langue formula, ordre qui crée continuellement la signification de chaque chose.

Pierre de Shabaka

Tu es le berger, Amon, tu mènes le troupeau aux pâturages.
Puisses-tu me mener vers ma nourriture, toi qui es le berger infatigable.
Celui qui te place dans son cœur, sa lumière se lève.

Ostracon British Museum 5656a

L'initié est un être à qui les secrets du cœur sont révélés, pur de visage et de mains quand il accomplit les rites.

Studies Griffith, p. 287

Le cœur de l'homme est un don de Dieu.
Garde-toi de le négliger.

Aménémopé

Quand cœur et langue sont sans défaut, on dirige sa vie.

Ankh-sheshonq

Suis ton cœur le temps de ton existence,
Ne commets pas d'excès par rapport à ce qui a été prescrit.
N'abrège pas le temps de suivre le cœur.

Gaspiller le moment d'action du cœur est l'abomination de la puissance vitale (*ka* *).
Ne détourne pas ton action quotidienne de manière excessive pour l'entretien de ta maison.
Adviennent les choses, suis le cœur.
Les choses ne profiteront pas au négligent.

Ptah-hotep

Suis ton cœur aussi longtemps que tu te trouves sur terre et accomplis un jour parfait.

Stèle British Museum 37984

Ne dissocie pas ton cœur de ta langue.
(Ainsi), toutes tes entreprises réussiront.

Aménémopé

Tiens ferme ton cœur,
Affermis ton cœur,
Ne conduis pas le navire avec ta langue.
Si la langue de l'homme peut devenir le gouvernail du bateau,
C'est le maître de la totalité qui doit être son pilote.

Aménémopé

C'est mon cœur qui m'a incité à accomplir mon devoir selon sa conduite.
Il est, pour moi, un excellent témoin.
Je ne transgresse pas ses directives,
Je crains de manquer à ses commandements.

* D'origine divine, le *ka* est la puissance créatrice qui habite tout être mais ne lui appartient pas. À chacun d'« aller vers le *ka* ».

Si j'ai connu une grande prospérité,
C'est grâce à ses orientations concernant ma façon d'agir.
Conformément à son enseignement, j'ai été impeccable.
Une parole divine est un cœur dans chaque corps.

Urkunden IV, 974.1-9.

Prête l'oreille à mes paroles,
Deviens compétent en tout travail.
Fais de ton cœur un barrage contre lequel se brisera le flot.

Amon-Nakht

Plus agréable (à Dieu) est le caractère d'un homme droit que (l'offrande) d'un bœuf faite par celui qui pratique l'iniquité.

Merikarê

Cœur de ma mère, cœur de mon être, ne témoigne pas contre moi, ne t'oppose pas à moi devant le tribunal (de l'au-delà) ; tu es la puissance créatrice qui est dans mon corps, le créateur qui entretient mes membres.

Livre pour sortir au jour, chapitre 30

La connaissance

Vénérons et acclamons le dieu de la connaissance (Thot), fil à plomb qui incarne la justesse au cœur de la balance.

Il écarte le mal et accueille l'homme qui a écarté les actions disharmonieuses.
Il est le juge qui pèse les paroles,
Qui apaise les tempêtes,
Qui donne la paix,
Le scribe en fonction qui préserve le rouleau du secret,
Punit le criminel,
Accueille l'homme obéissant,
Celui au bras efficace,
Le sage au cœur de l'Ennéade,
Celui qui fait revenir ce qui était oublié,
Celui qui conseille l'égaré,
Celui qui préserve l'instant,
Qui décrit les heures de la nuit,
Celui dont les paroles durent éternellement.

Statue de Horemheb (Metropolitan Museum de New York)

Mon bac me permet de traverser.
Le dieu de la connaissance (Thot) me fait aborder comme il fait aborder l'œil d'Horus qui était sans bac.

Textes des Sarcophages, chapitre 182

Je connais ce que connaît la connaissance intuitive,
Ce à quoi est initié le plus grand des voyants.
Qu'un chemin me soit ouvert,
Car je suis le maître du souffle.

Textes des Sarcophages, chapitre 236

Tout être qui est connaissant ne mourra pas de la seconde mort. Ses ennemis n'exerceront aucune influence sur lui, et nulle magie ne le retiendra sur terre.

Textes des Sarcophages, chapitre 83

Tout homme qui connaîtra cette formule, il sera une lumière (Râ) dans le ciel, et reconnu comme un ressuscité (Osiris) dans la matrice stellaire.
Il descendra dans le cercle de feu.
La flamme ne sera jamais contre lui.
Le terme sera heureux.

Textes des Sarcophages, chapitre 1130

Celui qui connaît cela, il se transformera en faucon, fils de la lumière divine.
Celui qui connaît cela sur terre ne mourra pas,
Il connaîtra l'éternité.
Il mangera du pain dans la demeure d'Osiris,
Il entrera dans le temple du dieu puissant,
Il obtiendra des offrandes.

Textes des Sarcophages, chapitre 339

Les chemins du ressuscité (Osiris) sont dans le ciel.
Celui qui connaît la formule pour les parcourir est lui-même un dieu,
Il se trouve dans la suite du dieu de la connaissance.
Il peut ainsi aller dans tout ciel où il désire aller.
Celui qui ignore la formule pour aller sur ces chemins,
Il sera écarté de la table d'offrandes.

Textes des Sarcophages, chapitre 1035

Celui qui connaît trouve grâce.
L'ignorant se damne.

Règle du temple d'Edfou

La magie

Dieu a donné aux hommes la magie pour détourner l'effet fulgurant de ce qui se produit.

Merikarê

Celui qui connaît le livre de magie, il peut sortir au jour et cheminer sur terre parmi les vivants.
Il ne mourra jamais.
Cela s'est avéré efficace des millions de fois.

Livre pour sortir au jour, chapitre 68

Que tes pensées soient les grandes incantations magiques qui sortent de ta bouche.

Livre pour sortir au jour, chapitre 80

Je suis venu, équipé de mes formules magiques.
Aussi puis-je étancher ma soif,
Puisque je suis maître du verbe créateur.

Textes des Sarcophages, chapitre 644

Je suis un être de lumière pourvu de ses pouvoirs magiques.
Je passe auprès des génies hostiles.
Ils ne peuvent pas parler, par crainte de celui dont le nom est caché.
Il est en moi, je le connais, je ne l'ignore pas.

Textes des Sarcophages, chapitre 1130

Je connais le secret des paroles divines et la conduite des rituels.
J'ai pratiqué toute magie, sans qu'aucune loi m'échappe.
Rien ne m'est demeuré secret.
Je vois la lumière divine en ses manifestations.

Stèle Louvre C 14

Voir

Tout ce qui se produit dans chaque contrée t'est rapporté,
Même lorsque tu te trouves dans ton palais.
Tu perçois les paroles de tous les pays,
Tu possèdes des millions d'oreilles.
Ton œil est plus lumineux que les étoiles du ciel,
Ta vision est plus parfaite que celle du disque solaire.
Tu entends les paroles de celui qui s'exprime, même s'il se trouve au fond d'une caverne.
Ton œil voit tout ce qui est caché.

Papyrus Anastasi IV,6

La force de Pharaon est son œil.

Textes des Pyramides 320b

Pharaon s'élève vers le ciel en tant qu'œil de la lumière divine.
Pharaon va et vient dans le champ des offrandes,
Car Pharaon est cet œil de la lumière divine.

Textes des Pyramides 1231b et 698c-d

J'ai été intègre et juste,
J'ai détesté le mensonge et vécu chaque jour de l'accomplissement de la vérité.
J'ai été un savant sans pareil,
Un homme qui dénoue (les difficultés),
Je comptais chaque mise en ordre de l'œil complet.

Stèle de Ra-hotep, grand prêtre de Ptah

Les parties de mon corps ont été rassemblées,
Ce qui m'avait été enlevé m'a été rapporté,
Ce qui était dispersé a été rassemblé,
Mes yeux ont été ouverts pour que je puisse voir la grande étoile.

Textes des Sarcophages, chapitre 106

Le ressuscité est semblable au faucon à la vue perçante, traversant le ciel du soir.

Textes des Pyramides, 1048d

Je suis l'œil d'Horus, rayonnant dans la nuit, qui crée une flamme au moyen de sa lumière propre.

Textes des Sarcophages, chapitre 1053

Tes yeux sont la barque du soir et la barque du matin.
Ton œil droit est la barque du soir,
Ton œil gauche est la barque du matin.

Textes des Sarcophages, chapitre 531

Le silence

Le bouillonnant dans le temple ressemble à un arbre qui pousse en un lieu clos.
La pousse de ses rameaux ne dure qu'un bref moment, et il finit dans le bûcher.
Le flottage l'emporte loin de sa juste place, la flamme est son linceul.
Le vrai silencieux, qui se tient à l'écart, ressemble à un arbre poussé dans une prairie.
Il verdit, double sa production et se dresse devant son maître.
Ses fruits sont doux, son ombre délicieuse.
Il va jusqu'à son terme dans le jardin.

Aménémopé

Si tu laboures,
Si la croissance s'effectue correctement dans le champ,
(Parce que) Dieu la donne en abondance dans ta main,
N'en aie pas plein la bouche auprès de ton voisinage,
Car l'on éprouve un grand respect pour le silencieux.

Ptah-hotep

Thot, installe-moi à Hermopolis, la cité du Huit, ta ville où il fait doux vivre.
Donne-moi du pain et de la bière,
Préserve ma bouche de paroles inutiles.
Que Thot me protège à l'avenir !
Je comparais devant les maîtres de rectitude, je sors juste de voix.

Le palmier doum est haut de soixante coudées, il porte des fruits charnus remplis de graines dans lesquelles se trouve un liquide.
Toi qui captes l'eau pour la faire venir dans un endroit écarté, abreuve-moi, car je suis un silencieux.
Thot est un puits doux pour l'homme altéré dans le désert.
Il reste scellé pour le bavard,
Il s'ouvre pour le silencieux.
Le silencieux vient et trouve le puits,
L'homme désordonné est perdu.

Papyrus Sallier, I, 8, 2-6

Heureux celui qui se repose totalement sur le bras d'Amon qui protège le silencieux et libère l'humble, qui donne le souffle vital à celui qui l'aime et lui garantit une vieillesse heureuse à l'occident de Thèbes.

Stèle Berlin 6910

La barque du stupide s'immobilise dans la boue.
La barque du silencieux vogue avec le vent.

Aménémopé

Il est douloureux de rester silencieux devant ce qu'on entend.
Mais il est vain de répondre à l'ignorant.
Répliquer à ses propos crée la discorde.
Son cœur n'acceptera pas la vérité.

Kha-keper-rê-seneb

L'écoute et l'entendement

Si l'acte d'écouter sans cesse pénètre celui qui écoute,
Celui qui écoute devient celui qui entend.
Quand l'écoute est bonne, la parole est bonne.
Celui qui écoute est le maître de ce qui est profitable.
Écouter est profitable à celui qui écoute.
Écouter est meilleur que tout,
(Ainsi) naît l'amour parfait.
Celui que Dieu aime, c'est celui qui entend.
Celui qui n'entend pas est haï de Dieu.
C'est le cœur qui fait naître son maître,
Comme celui qui entend ou celui qui n'entend pas.
Pour un homme, son cœur est vie, prospérité et santé.
C'est celui qui écoute qui entend ce qui est dit,
C'est celui qui aime entendre qui accomplit ce qui est dit.

Ptah-hotep

Quant à l'ignorant qui n'écoute pas,
Il n'accomplit rien.
Il considère la connaissance comme l'ignorance,
L'inutile comme le nuisible.
Il fait tout ce qui est détestable,
De sorte que l'on s'irrite contre lui chaque jour.
Il vit de ce qui fait mourir,
Sa nourriture est le discours tordu.
C'est là sa caractéristique qu'ont bien reconnue les nobles,
À savoir : un mort vivant chaque jour.

Ptah-hotep

Ouvre tes oreilles,
Écoute ces paroles,
Donne ton cœur pour les comprendre.
Il est utile de les placer dans ton cœur,
Malheur à qui les néglige!
Qu'elles reposent dans ton for intérieur,
Qu'elles soient verrouillées dans ton cœur.
Si tu mènes ton existence avec ces paroles dans ton cœur, tu réussiras.

Aménémopé

La parole

Ce n'est pas moi qui peux parler,
Ce n'est pas moi qui peux formuler,
C'est Dieu qui peut parler et c'est assurément lui qui peut formuler.

Papyrus magique illustré de Brooklyn

L'initié est celui qui transmet la parole d'un dieu à un dieu.

Textes des Sarcophages VII, 326a

La langue de Pharaon est le pilote préposé à la barque de Maât. Il noue une parole juste.

Textes des Pyramides 1776b

Ceci est la parole qui se trouvait dans les ténèbres. Quant à tout esprit lumineux qui la connaît, il vivra parmi les vivants.

Textes des Sarcophages VII, 364a-d

Le Verbe est avec moi. J'ai traversé le ciel grâce à lui.

Textes des Sarcophages VII, 17d

Assieds-toi sous le feuillage des sycomores de la déesse Hathor, quand elle se rend dans la cité du pilier, porteuse du livre des paroles divines.

Textes des Sarcophages, chapitre 225

Une parole parfaite est plus cachée que la pierre verte. On la trouve (pourtant) auprès des servantes (qui travaillent) sur la meule.

Ptah-hotep

Pour avoir de la force, sois un artisan en paroles. La puissance d'un être, c'est sa langue, et les mots sont plus efficaces que n'importe quelle manière de combattre.

Merikarê

Parle seulement quand tu sais que tu apporteras une solution.
Il doit être un (excellent) artisan, celui qui parle dans le conseil.
Parler est plus difficile que tout autre travail.

Ptah-hotep

Dieu déteste celui qui falsifie les paroles.

Aménémopé

Garde-toi de la faute qu'est la fausseté des paroles : elle t'empêcherait de combattre le mal en toi-même.

Ani

Le corps d'un homme est plus vaste que le grenier de Pharaon.
Il est rempli de diverses réponses : choisis ce qui est bon à dire et que la mauvaise parole reste prisonnière en ton corps.

Ani

Ne trahissez pas le moment juste en hâtant la parole.

Règle du temple d'Edfou

La prière

N'élève pas la voix dans le temple de Dieu, car il déteste les cris.
Prie d'un cœur aimant, dont les paroles restent cachées.
Il pourvoira à tes besoins,
Il entendra ce que tu dis,
Ton offrande lui sera agréable.

Ani

Ne demande pas conseil à Dieu pour négliger ce qu'il dit.

Ankh-sheshonq

La langue

Si la langue de l'homme peut devenir le gouvernail du bateau,
C'est le maître de la totalité qui doit être son pilote.

Aménémopé

La langue des hommes est leur balance.
C'est la balance qui permet de préciser le poids d'une chose.

Conte de l'oasien

Un homme peut être détruit à cause de sa langue.

Ani

La méchante langue de l'homme stupide est l'épée qui tranchera sa vie.

Papyrus Insinger

Transmettre et témoigner

Que l'un consolide pour l'autre,
Qu'il œuvre pour son prédécesseur
Avec l'espoir qu'un successeur œuvre pour ce qu'il aura accompli.

Merikarê

Je porte la louange d'Amon jusqu'en haut du ciel et dans toute l'étendue de la terre.
J'évoque sa puissance à celui qui descend le fleuve comme à celui qui le remonte.
Veillez à sa présence,
Témoignez-en au fils et à la fille, aux grands et aux petits,
Parlez de lui aux générations de votre temps comme à celles qui viendront,
Parlez-en aux poissons de la rivière et aux oiseaux du ciel,
À celui qui l'ignore et à celui qui le connaît.

Stèle Berlin 23.077

L'enseignement

Ne donne pas un enseignement à celui qui ne veut pas t'écouter.

Ankh-sheshonq

Parlez à vos enfants,
Car la parole est un enseignement depuis le temps de Dieu.

L'enseignement loyaliste

Le bâton tordu est jeté à terre, où le frappent lumière et ombre. Mais le menuisier peut l'emporter, le redresser et en faire une canne pour un grand.

Ani

7

Le comportement du sage et son action

Quant à toi, enseigne à ton disciple la parole de la tradition.
Puisse-t-il agir comme un modèle pour les enfants des grands,
Que pénètrent en lui l'entendement et la justesse de chaque cœur, de qui lui parle,
Car il n'existe pas de sage de naissance.

Ptah-hotep

J'ai vu les transformations du principe divin des deux contrées de lumière, sur ses chemins secrets dans le ciel.
La lumière divine elle-même m'a rendu cohérent.
Je fus équipé de tout son rayonnement et nourri à satiété de la sagesse divine.

Inscription de Thoutmosis III, Karnak

Le sage est un enseignement pour les grands.

Merikarê

Chacun peut maîtriser sa nature si la sagesse enseignée l'a rendu ferme.

Ani

Je suis un silencieux face au coléreux,
Un homme patient vis-à-vis de l'ignorant,
De façon à apaiser la querelle.
Je suis un être calme, libre d'excitation,
Qui connaît ce qui doit advenir et l'attend (sereinement).
Je suis celui qui s'exprime dans les situations conflictuelles,
Et qui connais (pour mieux les éviter) les paroles qui provoquent la colère.
J'ai la maîtrise de moi-même,
Je suis aimable et amical,
J'apaise celui qui pleure avec des paroles de réconfort.
J'ai le visage lumineux pour celui qui m'implore,
J'accomplis des actes utiles pour mon semblable.
J'identifie la fourberie quand elle est formulée,
Mon visage est rayonnant, ma main large,
Et je ne garde pas pour moi les nourritures que je possède.
Je suis celui qui connaît pour celui qui ne connaît pas,
Celui qui lui enseigne ce qui lui est utile.
Je suis quelqu'un qui écoute et qui entend la rectitude,
Et qui médite sur elle dans le cœur.
Je suis quelqu'un qui s'accomplit dans ses fonctions,
Qui garde son calme, libre d'excitation,
Je suis quelqu'un qui s'accomplit sans se hâter,
Je suis exact comme la balance,
Précis et juste comme Thot.
Mon pas est ferme,
Mon conseil excellent,
Je suis un connaissant qui s'enseigne à lui-même ce qui doit être connu.

Stèle d'Intef (British Museum 581)

Qui connaît la science du sage ne l'attaque pas,
Aucun malheur ne se produit auprès de lui.

Merikarê

Ne fais pas intervenir un sage à propos d'une affaire mineure alors qu'une affaire importante est en attente. Ne fais pas intervenir un imbécile à propos d'une affaire importante, alors que tu aurais dû faire appel à un sage.

Ankh-sheshonq

La récompense et le bâton sont employés justement par l'homme sage.

Papyrus Insinger

Quand un homme sage est mis à l'épreuve, bien peu sont conscients de son accomplissement spirituel.

Ankh-sheshonq

Celui qu'on choisit dans la foule n'est pas pour autant un sage.

Ankh-sheshonq

J'ai accompli quatre actions parfaites dans le portique de la contrée de lumière.
J'ai créé les quatre vents afin que chaque homme puisse respirer là où il se trouve : c'est l'une des actions.
J'ai créé la grande inondation afin que le pauvre comme le riche puisse en bénéficier : c'est l'une des actions.
J'ai créé chaque homme identique à l'autre, mais je n'ai pas ordonné qu'ils engendrent le désordre. Leurs cœurs ont désobéi à mes paroles. C'est l'une des actions.

J'ai fait en sorte que leurs cœurs n'oublient pas l'Occident afin qu'ils fassent des offrandes : c'est l'une des actions.

Textes des Sarcophages VII, 462d-464f

Agis pour Dieu.
Il agira de même pour toi.

Merikarê

Heureux celui qui agit selon les paroles de Dieu,
Car ses plans ne lui feront pas défaut.

Temple de Redesyeh

Le dieu de la connaissance (Thot) rémunère tout acte à sa valeur.

Pétosiris

Une action juste revient à sa place d'hier, car il nous est ordonné :
Agis pour celui qui agit,
Afin de l'engager à rester dans l'action.

Conte de l'oasien

La récompense pour celui qui agit
Est qu'on agira pour lui.
Cela est la Règle dans le cœur de Dieu.

Inscription de Neferhotep (XIIe dynastie)

Comme on agira, on sera traité.
Dire une bonne parole est un monument.

Pétosiris

Un homme en fonction doit être grand dans sa fonction,
Comme un puits doit être riche en eau que l'on puise.

Aménémopé

Ne manie pas une lance si tu n'es pas capable de viser.

Ankh-sheshonq

Ne trempe pas ton pinceau (dans l'encre) pour blesser un homme.
Le doigt du scribe est comparable au bec de l'ibis,
Prends soin de ne pas le laisser dévier.

Aménémopé

Ne permets pas à l'ignorant et à l'imbécile de faire un travail pour lequel ils sont incompétents.

Ankh-sheshonq

Ne réponds pas à un supérieur en colère. Sache lui céder, et prononce des paroles douces tandis qu'il en profère d'amères.
C'est un remède qui calmera son cœur.

Ani

Ne te mets pas en avant lorsque ton chef entre, sous peine que ton nom soit anéanti.

Si tu essuies un reproche, ne parle pas et tais-toi jusqu'à ce que la situation s'améliore.

Ani

Quel jour parfait!
Le ciel travaille pour nos cœurs.
Ce que nous aimons, c'est notre travail.

Tombeau de Pahéri

Un homme inactif n'aboutit à rien.
Celui qui sait faire des plans est digne de considération.

Ani

Si l'on n'accomplit pas le travail qui doit l'être, le champ ne sera pas labouré.

Ani

Ne dis pas : « J'ai labouré le champ, il ne m'a pas payé de retour. »
Laboure de nouveau, il est bon de labourer.

Ankh-sheshonq

8

Sagesse et pouvoir

Ce sont ceux qui travaillent qui produisent les nourritures.
Si la maisonnée en est privée, ses fondations sont sapées.

L'enseignement loyaliste

Je suis véritablement un dignitaire au grand cœur,
Une plante douce et aimable.
Je ne suis ni négligent ni paresseux.
Ce fut mon cœur qui favorisa l'obtention de ma fonction,
Ce fut ma manière d'être qui me garda au premier plan.
Je suis un bois de valeur créé par Dieu.

Stèle de Rediou-Khnoum (Lichtheim, Ancient Egyptian Autobiographies, p. 43)

Pharaon

L'institution pharaonique est une fonction parfaite.

Merikarê

Celui qui règne sur les Deux Terres est un connaissant.
Maître des dignitaires, Pharaon ne peut être un ignorant.
Il était déjà un sage en sortant du sein maternel,
Car Dieu l'avait choisi parmi des millions d'êtres.

Merikarê

Les compagnons de Pharaon,
Ce sont les dieux.

Merikarê

Pharaon est l'unique, l'efficient,
Celui dont le semblable n'existe pas.
Ses projets sont dans les pas de l'ibis,
Ses pensées conformes à celles du maître de la connaissance.
Il se réjouit de la justesse comme le primordial,
Le cœur en fête, comme Ptah, grâce à elle.

Groupe statuaire d'Horemheb et de la reine Mout-nedjemet, Musée de Turin

La langue de Pharaon est celle qui dirige, préposée à la barque de rectitude.

Textes des Pyramides 1306c

Grâce au pharaon, qui oriente l'ignorant vers la sagesse, les petits peuvent surpasser les grands, et les derniers devenir les premiers.

L'enseignement d'un homme à son fils

Pharaon est la puissance vitale.
Son verbe est prospérité.

Il crée ce qui est.
Qui respecte sa vie ne commettra pas de mauvaises actions,
Qui sera aimé de Pharaon deviendra un être vénérable.

Séhetep-ib-rê

La lumière divine (Râ) a installé Pharaon sur la terre des vivants, à jamais et pour toujours.
Afin qu'il juge les hommes et satisfasse les dieux,
Qu'il réalise la rectitude et anéantisse l'iniquité.
Pharaon fait des sacrifices aux divinités et des offrandes aux immortels.

Assmann, Maât, p. 117

Pharaon est celui qui multiplie les biens et sait donner.
Pharaon est le maître de la joie.
Celui qui se révolte contre lui détruit le ciel.

Merikarê

Fraternisez avec Sa Majesté dans vos cœurs.
Il est l'intuition créatrice qui réside dans les cœurs.
Ses yeux explorent tout être.
Il est la lumière divine grâce aux rayons de laquelle on voit.

L'enseignement loyaliste

Pharaon est la subsistance,
Sa bouche est la nourriture.

L'enseignement loyaliste

Pharaon est le canal qui régularise l'eau du fleuve,
La pièce fraîche où l'homme trouve le repos,
Le rempart aux murailles de métal céleste,
Le refuge dont la puissance est constante,
Le havre de paix qui sauve l'homme menacé par ses ennemis,
L'abri à l'époque de l'inondation,
L'eau fraîche quand règne la chaleur,
Le lieu sec et chaud pendant l'hiver,
La montagne qui arrête le vent et endigue l'orage,
La puissance qui arrête l'ennemi aux frontières.

Hymne à Sésostris III (papyrus de Kahoun)

Pharaon a uni les cieux.
Pharaon construit la cité de Dieu conformément à son devoir.
Pharaon est le Trois lors de son apparition.

Textes des Pyramides 514

Pharaon est bienfaisant par les travaux qu'il entreprend pour les dieux en construisant leurs temples et en façonnant leurs images.

Stèle d'Amada

Ô vivants qui êtes sur terre,
Rendez grâce au pharaon,
Afin que vous puissiez vivre.
Veillez sur son œuvre,
Protégez ce qu'il ordonne.
L'acte sera utile à celui qui l'accomplit,
Il sera un vénérable aimé de son dieu.
Il sera ainsi cohérent.

Parfait sera son comportement tout au long de son existence.

Relief de Metjetji

Pharaon, tes yeux sont les yeux des dieux,
C'est toi qui éclaires le pays tout entier,
Qui dissipes l'obscurité pour le genre humain.

Papyrus de Brooklyn II, 18

L'art de gouverner

Pour les hommes, Dieu a créé des chefs capables de diriger, des soutiens pour soutenir le dos des faibles.

Merikarê

Grand est le grand dont les grands sont grands.
Puissant est le pharaon qui possède des serviteurs compétents,
Vénérable est celui qui est riche en êtres nobles.

Merikarê

Accorde à tes grands l'importance nécessaire,
Afin qu'ils appliquent tes directives.
Celui qui connaît l'aisance dans son domaine ne sera pas partial.
Car il possède des biens et ne manque de rien.
Un homme appauvri ne s'exprimera pas selon la rectitude,
Et celui qui dit :
« Ah, si seulement j'étais riche ! »,

Ne saurait être juste,
Car il favorisera celui qui lui accordera ce qu'il désire.

Merikarê

Si tu es un guide, chargé de donner des directives à un grand nombre,
Cherche, pour toi, chaque occasion d'être efficient,
De sorte que ta manière de gouverner soit sans faute.

Ptah-hotep

Si tu es un guide,
Que ta manière de gouverner voyage librement au moyen de ce que tu as ordonné.
Tu dois accomplir des actions élevées.

Ptah-hotep

Ne laisse pas un impie ou un médiocre donner des ordres aux gens.

Ankh-sheshonq

Dieu quitte sa ville lorsqu'elle est gouvernée par un mauvais maître.

Ankh-sheshonq

Quand la lumière divine (Râ) est irritée contre un pays, elle y fait cesser la loi, la justice et les valeurs, et met les imbéciles à la place des sages.

Ankh-sheshonq

N'aie pas confiance dans un frère,
Ne connais pas d'ami,
Ne te crée pas d'intimes,
Il n'y a pas d'utilité à cela.
Car il n'existe pas d'amis pour un homme le jour du malheur.

Amenemhat Ier

La puissance s'exerce grâce à la connaissance intuitive.

Textes des Pyramides 300c

Qu'un chef ne se vante pas d'être un maître de puissance,
Car il n'y a pas de puissance sans la présence du dieu caché (Amon).
C'est lui qui transforme le faible en puissant.

Stèle de Piankhy

N'utilise pas pour toi-même la puissance de Dieu,
Comme s'il n'existait ni fatalité ni destin.

Aménémopé

Si tu es puissant,
Agis en sorte que l'on te respecte,
En fonction de la connaissance et du calme du langage.
Ne donne d'ordres que lorsque les circonstances l'exigent.

Ptah-hotep

Ne t'impose pas par la force.
Sinon, on s'imposera à toi par la force.

Papyrus Louvre 2414

Ne te vante pas de ta force.
On ignore ce qu'il adviendra et quel châtiment Dieu infligera.

Kagemni

Le crocodile n'émet aucun son.
Pourtant, on le redoute depuis longtemps.

Aménémopé

9

Sagesse et rapports humains

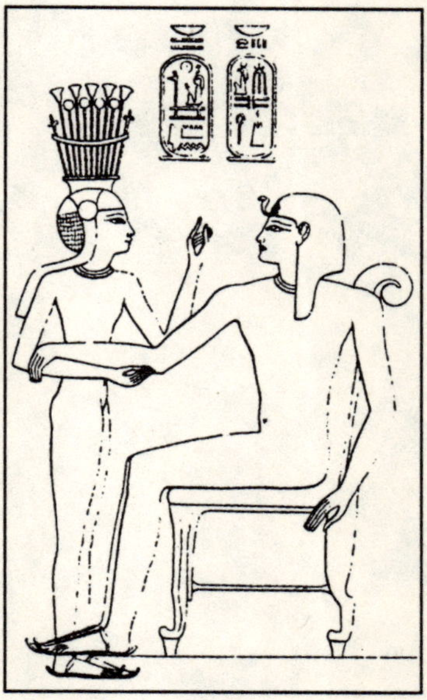

L'humanité

Dieu a construit les hommes avec les larmes de son œil.

Ostracon Caire 25207

Dieu a bâti un sanctuaire derrière les hommes.
Quand ils pleurent, il entend.

Merikarê

Bien pourvus sont les hommes, le troupeau de Dieu.
Il a créé le ciel et la terre pour leurs cœurs,
Il a repoussé la créature dangereuse qui vit dans l'eau,
Il a créé le souffle du cœur pour que leurs narines en vivent,
Ils sont ses images, issus de son corps.
Il se lève dans le ciel pour leurs cœurs,
Il a créé pour eux les plantes, le bétail, les volailles et les poissons pour les nourrir,
Mais il a exterminé ses ennemis et châtié ses enfants
Parce qu'ils avaient pensé à se révolter contre lui.

Merikarê

Ne pénètre pas dans une foule que tu rencontres, alors qu'elle se rassemble pour combattre.
Tiens-toi à l'écart des rebelles.

Ani

Puisse la race humaine s'éteindre pour que le silence revienne sur la terre et que la fureur cesse.

Ipou-our

Les Anciens

Conforme-toi à l'enseignement des Anciens, de ceux qui te précédèrent.
Leurs paroles perdurent dans leurs livres.
Ouvre-les,
Lis et copie leur science,
Car seul un être qui sait apprendre devient habile.

Merikarê

La mère

Paroles prononcées par la mère, maîtresse du ciel, souveraine de tous les dieux :
Elle donne vie, stabilité, prospérité comme dons provenant d'elle-même.

Abou Simbel, temple de Néfertari

Ta mère est Ciel.
Elle s'étend sur toi.
Tu entres dans sa bouche,
Tu sors entre ses cuisses comme le soleil, chaque jour.

Sarcophage d'Ankhes-nefer-ib-rê

Rends en abondance le pain que ta mère t'a donné.
Porte-la comme elle t'a porté.
Elle a fait beaucoup pour toi, toi qui étais une charge, sans qu'elle te dise :
« Ne m'importune plus. »
Pendant trois ans, ses seins furent dans ta bouche,
Et son cœur n'a pas été dégoûté par tes excréments.
Elle t'a envoyé à l'école pour que tu apprennes à écrire,
Et chaque jour elle veillait sur toi.

Ani

Parents et famille

Répands l'eau de la libation pour ton père et ta mère qui reposent dans la vallée de la mort.
Les dieux seront témoins de cet acte juste.

Ani

Réunir dans l'au-delà la famille du juste :
Père, mère, amis, compagnons, enfants, femme, compagnes, serviteurs et l'ensemble de ses biens.
Cela s'est révélé efficace des millions de fois.

Textes des Sarcophages, chapitre 146

La femme

Une femme au cœur joyeux apporte l'équilibre.

Ptah-hotep

Si une femme est en paix avec son mari, ils n'iront jamais mal.

Ankh-sheshonq

La femme qui gouverne bien sa maison est une richesse irremplaçable.

Papyrus Insinger

N'exerce pas un contrôle sur ta femme dans sa maison,
alors que tu connais bien son excellente efficacité.
Ne lui dis pas :
« Où se trouve cela ? Apporte-le ! »
Alors qu'elle a mis cet objet à sa bonne place.
Observe-la avec admiration en restant silencieux,
Afin que tu puisses constater sa vigueur.
C'est la joie, quand ta main est avec la sienne.

Ani

Aime ton épouse avec ardeur.
Nourris-la,
Habille son dos,
L'huile est un remède pour son corps.

Allonge son cœur le temps de ton existence,
Elle est une terre fertile, lumineuse pour son maître.

Ptah-hotep

Lorsqu'un homme sent bon la myrrhe, sa femme est comme un chat devant lui.
Mais lorsqu'un homme est souffrant, sa femme est une lionne devant lui.

Ankh-sheshonq

Si tu désires faire durer l'amitié dans une demeure où tu as tes entrées,
Comme maître, comme frère ou comme ami,
Ou en tout lieu où tu as tes entrées,
Garde-toi d'approcher des femmes (à les toucher).
Ce n'est pas bon, là où le fait se produit.
La vue (de celui qui entre dans une maison) n'est jamais assez aiguisée pour repérer les femmes.
Des milliers d'hommes se sont ainsi détournés de ce qui leur est profitable (en se laissant prendre au piège de la séduction).
Un court instant (de plaisir) est semblable à un rêve,
Et la mort t'atteindra pour avoir connu les séductrices !
Quant à celui qui échoue continuellement en convoitant les femmes,
Aucun de ses desseins ne réussira.

Ptah-hotep

Méfie-toi d'une femme étrangère qui n'est pas de bonne renommée dans sa ville.
Ne la regarde pas quand elle passe,
Ne cherche pas à la connaître charnellement.
Eau profonde qu'on ne peut cerner est une femme dont le mari se trouve au loin.

« Je suis attirante », dit-elle quotidiennement, quand il n'y a pas de témoin.
Et tu risques de tomber dans ses filets.

Ani

Isis, créatrice de l'univers,
Souveraine du ciel et des étoiles,
Maîtresse de la vie,
Régente des divinités,
Magicienne aux excellents conseils,
Soleil féminin,
Qui scelle toute chose de son sceau!
Les hommes vivent sur ton ordre,
Rien n'est réalisé sans ton accord.

Temple de Philae

Grande d'amour,
Au beau visage,
Ravissante,
Souveraine de charme,
Qui satisfait la divinité grâce à sa beauté,
À la voix enchanteresse quand elle chante,
Qui remplit le palais de l'odeur de son parfum,
La souveraine de toutes les femmes,
La maîtresse des Deux Terres et de la terre jusqu'à ses confins.

Titres des reines d'Égypte

J'ai accompli cette œuvre avec un cœur aimant pour mon père Amon.
Initiée à son secret de l'origine,
Instruite grâce à sa puissance bénéfique,

Je n'ai pas oublié ce qu'il avait ordonné.
Ma Majesté connaît sa divinité.
J'ai agi sur son ordre,
C'est lui qui me guida,
Je n'ai pas fait le plan de l'œuvre hors de son action,
C'est lui qui m'a orientée.
Je ne me suis pas assoupie,
Car je me préoccupais de son temple.
Je ne me suis pas écartée de ce qu'il avait commandé.
Mon cœur était intuition devant son père,
Je suis entrée dans l'intimité des plans de son cœur.
Je n'ai pas tourné le dos à la cité du maître de la totalité,
Mais j'ai tourné mon visage vers lui.

Obélisque de la reine Pharaon Hatchepsout (Karnak)

Tout ce que la reine Néfertari demande est accompli,
Toute réalité s'accomplit en fonction de son désir de connaissance,
Toutes ses paroles font naître la joie sur les visages,
Entendre sa voix permet de vivre.

Temple de Louxor

Tu es l'unique,
La bien-aimée,
La sans pareille,
La plus belle du monde,
Semblable à l'étoile brillante de l'an nouveau,
Au seuil d'une belle année,
Celle dont brille la grâce,
Dont la peau rayonne,
Au regard clair,
Aux lèvres douces,
Au long cou,

À la chevelure de lapis-lazuli,
Aux doigts semblables aux calices de lotus,
Aux hanches minces,
À la démarche noble.

Chant d'amour

Sa femme, son aimée, souveraine de grâce, douce d'amour à la parole habile, agréable en ses discours, de conseil utile dans ses écrits ; tout ce qui passe sur ses lèvres est à la ressemblance de Maât ; femme parfaite, grande de faveur dans sa ville, tendant la main à tous, disant ce qui est bien, répétant ce que l'on aime, faisant plaisir à chacun ; en l'écoutant, on n'apprend pas le mal, elle qui est très aimée de tous, elle qui se nomme Renpet-Néféret, « l'Année parfaite ».

Texte du tombeau Pétosiris décrivant l'épouse du sage

Les enfants

Épouse une femme tant que tu es jeune,
Et qu'elle enfante pendant que tu es jeune.

Ani

Comme c'est bon, un fils qui obéit à son père !
Comme c'est heureux, pour celui à qui il est dit :
« Un fils, il est bienveillant quand il sait écouter. »

Ptah-hotep

Puisses-tu façonner un fils (spirituel) avec la faveur de Dieu.
S'il est en rectitude,

S'il se conforme à ta manière d'être,
Et s'il prend soin de tes biens en bon ordre,
Accomplis pour lui toute sorte de bonté.
C'est (bien) ton fils.
Il appartient à la semence de ton *ka*.
Ne sépare pas ton cœur de lui.
(Mais) la semence d'un homme peut engendrer le conflit.
Si le fils va dans la mauvaise direction,
S'il transgresse tes recommandations,
S'il désobéit de manière insolente à tout ce qui est dit,
Si sa bouche débite des paroles méprisables,
Chasse-le.
Il n'est pas ton fils.

Ptah-hotep

Tout va bien pour l'homme dont la maisonnée est nombreuse.

Ani

Ne pose pas de réclamation contre qui est sans enfant,
Ne critique pas le fait de ne pas en avoir,
Et n'émets pas de vantardise sur le fait d'en avoir.
Il y a beaucoup de pères dans l'affliction,
De même que beaucoup de mères qui ont enfanté,
Alors qu'une femme sans enfant peut être plus sereine qu'elles.

Ptah-hotep

L'amitié

Tiens-toi écarté du rebelle,
Ne t'en fais pas un ami.
Lie-toi d'amitié avec un homme rigoureux et juste dont tu auras observé les actions.

Ani

On ne connaît pas le cœur d'un frère tant qu'on ne lui a pas demandé de l'aide dans un moment difficile.

Papyrus Insinger

La maison

Construis pour toi ta propre maison, et ne pense pas que celle de ton père et de ta mère te revient de droit.

Ani

Ne réside pas dans une demeure maudite par Dieu.
Sa capacité de destruction se retournerait contre toi.

Ankh-sheshonq

10

Les qualités du sage

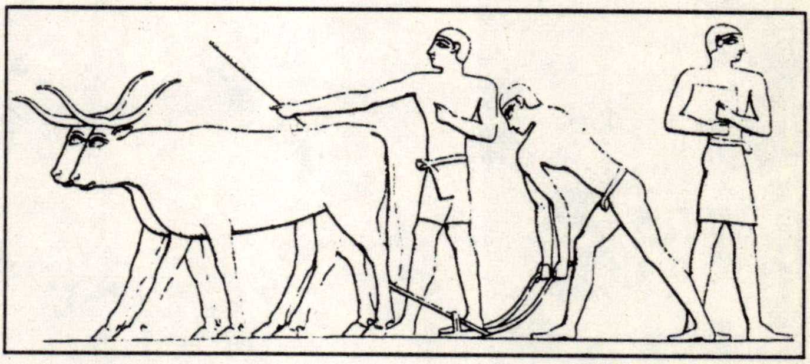

L'amour

Pharaon aime, il crée.
Pharaon déteste, il ne crée pas.

Textes des Pyramides 412b

C'est grâce à l'amour que l'on te porte que ton œuvre pourra durer.

Merikarê

Donne ton amour à la terre entière,
Car on se souviendra d'une heureuse personnalité
Quand les années se seront écoulées.

Merikarê

Le bon caractère

Le bon caractère est un ciel pour l'être humain.

Merikarê

Honnêteté

Laboure ton propre champ, et tu trouveras ce qui t'est nécessaire.
Meilleur est un seul boisseau que te donne Dieu que cinq mille obtenus malhonnêtement.

Aménémopé

Ne fausse pas la balance,
N'altère pas les poids,
Ne diminue pas les fractions qui servent à mesurer.

Aménémopé

À quoi sert d'être vêtu richement, si l'on se comporte comme un fraudeur devant Dieu ?
La faïence déguisée en or devient du plomb quand vient le jour.

Aménémopé

Impartialité

La partialité est l'abomination de Dieu.
Agis envers celui qui t'est proche de la même manière qu'envers celui que tu ne connais pas.

Tombe de Rekhmirê

L'humilité

Que ton cœur ne soit pas vaniteux à cause de ce que tu connais.
Prends conseil auprès de l'ignorant comme auprès du savant,
Car on n'atteint pas les limites de l'art,
Et il n'existe pas d'artisan qui ait acquis la perfection.

Ptah-hotep

Ne méprise pas une petite chose,
De peur d'en souffrir.

Ankh-sheshonq

Un petit souci brise les os,
Une petite bonne nouvelle fait vivre le cœur,
Une petite rosée fait vivre le champ,
Une petite abeille fait du miel.

Ankh-sheshonq

La critique de soi

Sache être critique vis-à-vis de toi-même, en évitant qu'un autre ait à te critiquer.

Hor-djedef

La discrétion

N'entre pas dans la maison d'autrui, avant qu'il ne te le permette et qu'il ne t'accueille.
Que ton œil ne soit pas curieux,
Sache observer en silence.
Et ne bavarde pas, à ce propos, avec quelqu'un d'autre qui n'était pas présent.
Ce serait une faute grave si tes racontars étaient entendus.

Ani

Ne te répands pas en paroles auprès d'autrui,
Ne fréquente pas celui qui met son cœur à nu.

Aménémopé

L'obéissance

Le dos ne se brise pas parce qu'il s'incline.

Aménémopé

Le respect

Sache inspirer la crainte et fais-toi respecter.
Celui que l'on redoute est un bon juge.

Mais la vraie fonction du juge est de pratiquer la justesse.
Si l'on te redoutait avec excès, c'est qu'il y aurait quelque chose de mauvais en toi.

Tombe de Rekhmirê

Montre du respect pour la vie d'un être au visage ouvert.

Merikarê

N'injurie pas un plus âgé que toi,
Car il a vu la lumière divine avant toi.

Aménémopé

Ne ris pas d'un aveugle,
Ne tourmente pas un nain,
Ne rends pas plus pénible la condition d'un boiteux,
Ne tourmente pas un homme qui est dans la main de Dieu,
Ne t'irrite pas à cause de ses erreurs.

Aménémopé

La générosité

La richesse de l'homme généreux est plus grande que la richesse de l'avide.

Ankh-sheshonq

Sois un père pour tes subordonnés,
Instruis les jeunes,
Donne la main aux malheureux,
Assure l'existence de ceux qui sont dans le besoin,
Protège l'orphelin et la veuve,
Ouvre tes oreilles à ceux qui disent la vérité,
Éloigne les êtres iniques.

Baken-khonsou

J'ai construit ma demeure de la meilleure manière,
De sorte que ses portes fussent larges.
À celui qui le souhaitait,
J'ai offert des présents.
Je me suis montré généreux pour le proche comme pour l'éloigné,
Car je désirais que mon nom fût accompli dans la bouche de ceux qui vivent sur terre.

Stèle Caire 20543

Celui qui aime donner de la nourriture à autrui en trouvera devant lui dans chaque maison.

Ankh-sheshonq

Ne mange pas de pain sans en donner à celui qui se tiendrait près de toi et n'aurait rien à manger.
Car le pain est destiné à l'éternité, alors que l'homme n'est pas durable.

Ani

Si tu trouves une lourde dette accablant un pauvre, fais-en trois parts. Annule deux parts, maintiens la troisième. Tu trouveras ainsi un chemin de vie.

Aménémopé

La convivialité

Un homme ne perd rien à parler avec douceur,
Son discours ne gagne rien à être désagréable.

Aménémopé

Ne néglige pas de rendre service à qui te rend service.

Ankh-sheshonq

Le bras ne se blesse pas à être nu.

Aménémopé

La politesse

Ne t'assieds pas lorsqu'est debout quelqu'un de plus âgé que toi, ou bien dont la fonction est supérieure à la tienne.

Ani

Le bonheur et la joie

On trouve le bonheur en observant la rectitude (Maât)

Pétosiris

Tu connaîtras le bonheur si ton existence s'inscrit dans les limites de la volonté de Dieu.

Ani

Vois, Pharaon est le maître de la largeur de cœur.

Merikarê

Il n'existe plus de mal en moi.
C'est pourquoi j'ai pris possession du ciel et de la terre.
La joie m'est donnée,
Je connais la plénitude.

Textes des Sarcophages, chapitre 468

Je suis monté au ciel,
J'ai réalisé mon désir,
J'ai conquis la maîtrise.
La joie m'a été donnée.

Textes des Sarcophages, chapitre 468

Comme c'est heureux de voir,
Comme c'est heureux pour ceux qui entendent !

Textes des Pyramides 1980a et 1943b

Comme c'est heureux, lorsque les bateaux descendent le fleuve et qu'il n'existe aucun voleur !
Comme c'est heureux quand les tombes sont entretenues,
Quand les momies sont en bon état,
Quand les chemins sont libres pour la promenade.
Comme c'est heureux quand les mains des hommes construisent des pyramides,

Quand des bassins sont creusés,
Quand des plantations de sycomores sont faites pour les dieux.
Comme c'est heureux lorsque les humains boivent à satiété,
Lorsque leurs cœurs sont heureux.
Comme c'est heureux lorsque les bouches expriment la joie,
Lorsqu'une (simple) natte (disposée) à l'ombre comble les besoins de chacun.

Ipou-our

Chaque aube nouvelle me donne davantage de joie, depuis ma petite enfance jusqu'au grand âge que j'ai atteint, à l'intérieur du temple du dieu caché. Je l'observe en tout lieu où mes yeux ont encore la capacité de voir son visage sacré.

Bakhen-khonsou

Fais un jour heureux,
Porte des guirlandes de lotus et de fleurs,
Tandis que ton épouse, l'aimée de ton cœur, est assise auprès de toi.
Oublie tout mal, songe au bonheur.
Jusqu'à ce que vienne le jour où tu aborderas au pays qui aime le silence.

Chant du harpiste

Le malheur

Le malheur, c'est le fils comme ennemi, le frère comme adversaire, l'homme assassinant son père, chaque bouche pleine de « aime-moi ».

Papyrus Ermitage 1116

La richesse

Dieu donne la richesse, le sage la préserve, et il sait l'acquérir sans avidité.

Papyrus Insinger

Ne place pas la confiance de ton cœur dans l'accumulation de tes biens matériels,
Car ce qui t'a été octroyé est un don de Dieu.

Ptah-hotep

Ne t'épuise pas à chercher la richesse.
Ce que tu possèdes, que cela te suffise.

Aménémopé

Regarde le bol qui se trouve devant toi, et qu'il suffise à tes besoins.

Aménémopé

Pense à vivre en paix (avec ce que tu possèdes),
Et ce que donnent les dieux viendra de soi-même.

Ptah-hotep

La richesse d'une ville, c'est un maître qui pratique la rectitude.
La richesse d'un temple, c'est un (bon) prêtre.
La richesse d'un champ, c'est l'époque où il est travaillé.
La richesse d'un entrepôt, c'est lorsqu'on y stocke des marchandises.
La richesse d'une maisonnée, c'est une femme sage.
La richesse d'un sage, ce sont ses paroles.
La richesse d'un artisan, ce sont ses outils.

Ankh-sheshonq

Plus avantageuse la pauvreté dans la main de Dieu que des richesses dans un entrepôt,
Plus avantageuse une (simple) galette (à déguster) avec un cœur paisible que des richesses (accumulées) avec inquiétude.

Aménémopé

Ne fais pas de différence entre le riche et le pauvre, mais apprécie un être en fonction de ses actes.

Merikarê

Qui était riche l'année dernière peut être pauvre cette année.

Ani

Dieu préfère celui qui fait honneur au pauvre à celui qui vénère le riche.

Aménémopé.

Si des biens te reviennent, donnes-en une part à Dieu. C'est la part du pauvre.

Ankh-sheshonq

Ne construis pas pour toi-même un bac avec la seule idée d'en tirer profit. Demande le prix du passage au riche, et fais passer gratuitement le pauvre.

Aménémopé

La richesse de l'injuste ne dure pas, ses enfants n'en hériteront pas.

L'enseignement loyaliste

La prévoyance

C'est le pilote qui voit loin qui ne fera pas chavirer son bateau.

Aménémopé

11

Les défauts à éviter

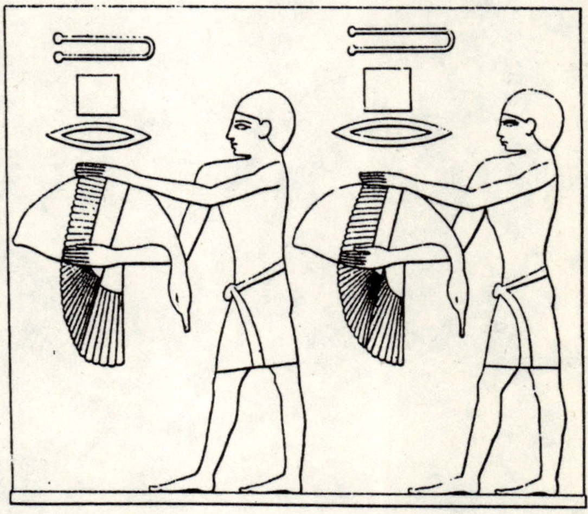

L'avidité

Si tu désires que ta conduite soit bonne,
Délivre-toi de tout mal.
Combats toute occasion d'avidité de cœur.
L'avidité est la maladie grave d'un incurable.
La guérir est impossible.
L'avidité sème le malheur parmi pères et mères,
Et parmi les frères de la mère.
Elle sépare l'épouse du mari.
L'avidité est la réunion de toutes les sortes de mal,
C'est un sac qui contient tout ce qui est haïssable.

Ptah-hotep

L'homme cupide échoue.
Ce qu'il atteint, c'est l'échec.
Il n'y a pas d'hier pour le paresseux,
Pas d'ami pour celui qui est sourd à la rectitude,
pas de jour de fête pour l'avide.

Conte de l'oasien

Acquérir avec avidité est un mal qui n'a pas de fin.

Ankh-sheshonq

Insensé est celui qui désire le bien d'autrui.

Merikarê

N'emplis pas ton cœur (du désir) des biens d'autrui, mais préoccupe-toi de ce que tu as construit pour toi.

Ani

C'est l'avidité qui amène querelle et combat dans une maison, et cause le malheur dans la famille.

Ankh-sheshonq

Ne sois pas rapace, même lorsque tu dois agir contre celui qui est rapace.

Conte de l'oasien

Les richesses de l'avide sont des cendres soufflées par le vent.

Ankh-sheshonq

Ne t'empare pas d'une part qui doit revenir au temple,
Ne sois pas avide,
Ne détourne pas de Dieu un serviteur.

Khâ-kheper-rê-seneb

La vanité

Son propre cœur perd le vaniteux,
Comme on coupe l'excédent d'un tronc trop long.

Papyrus Insinger

Celui qui crache au ciel,
Son crachat retombera sur lui.

Ankh-sheshonq

La petitesse

Aucun possesseur de petitesse n'atteint un résultat.

L'enseignement loyaliste

La méchanceté

Le bien de l'homme sage se perd s'il s'adonne à la méchanceté.

Papyrus Insinger

Ne sois pas proche de celui dans le cœur duquel il y a de la haine.

Ankh-sheshonq

Ne fréquente pas un méchant à cause de son renom.

Papyrus Insinger

La mort du méchant est une fête pour la maisonnée qu'il laisse derrière lui.

Ankh-sheshonq

La violence et l'excès

L'homme excessif ne pratique pas la rectitude.
L'homme dont le cœur est emporté n'est pas celui dont on recherche l'action.

Conte de l'oasien

Un orage qui brûle comme le feu dans la paille :
Tel est l'homme bouillonnant en son heure.
Écarte-toi de lui, laisse-le seul.
Dieu sait comment lui répondre.

Aménémopé

Ne crie pas contre celui qui t'agresse,
Ne lui réponds pas toi-même.
Celui qui fait le mal.
Le rivage le rejette,
Et l'inondation l'emporte.

Aménémopé

Donner un coup appelle la pareille,
Et tout ce qui s'accomplit (ensuite) s'enchaîne.

Merikarê

Garde-toi de voler un malheureux,
D'être violent envers un infirme.
N'étends pas la main pour agresser un vieillard,
Et n'ouvre pas la bouche (de manière impolie) contre un ancien.

Aménémopé

L'homme dur cause la fin de son existence,
Nul descendant ne s'attache à lui.

L'enseignement loyaliste

Que le silencieux devienne violent;
(uniquement) si les autels (des dieux) sont lésés,
alors que Dieu s'en prendra à celui qui se rebelle contre le temple.

Merikarê

Le vol

Ne dérobe pas, et tu trouveras du profit.

Aménémopé

Ne déplace pas les bornes en bordure des champs,
Ne modifie pas la position des cordeaux.
Identifie celui qui agit ainsi sur terre,
Car il est un oppresseur du faible
Et un ennemi décidé à détruire ton être.

Aménémopé

L'ignorance

Quant à l'ignorant qui n'écoute pas,
Il n'accomplira rien...
Il est un mort vivant chaque jour.

Ptah-hotep

Le chemin de Dieu se trouve devant tous les êtres,
Mais l'ignorant ne le trouve pas.

Ankh-sheshonq

Pour l'ignorant, l'œuvre de Dieu se réduit à une plaisanterie.

Ankh-sheshonq

La bêtise

Le conseil donné à l'imbécile pèse aussi peu que le vent.

Ankh-sheshonq

L'imbécile qui allume un feu s'en approche trop près et se brûle.

Ankh-sheshonq

Fréquenter un être stupide fait tomber dans le malheur.

Papyrus Insinger

Il vaut mieux un serpent dans une maison qu'un imbécile qui la fréquente.

Ankh-sheshonq

Les actes mauvais d'un imbécile blessent ses propres frères.

Ankh-sheshonq

On épuise un âne en le chargeant de briques.

Ankh-sheshonq

La crédulité

La crédulité conduit au malheur.

Merikarê

La négligence

Si tu négliges une affaire, elle te rapportera le double de difficultés.

Conte de l'oasien

Le mensonge

Quand le mensonge prend la route,
Il s'égare et ne peut traverser dans le bac,
Il ne fait pas bon voyage.
Celui qui devient riche grâce au mensonge n'aura pas de descendance, ni d'héritier sur terre.
Celui qui navigue avec le mensonge n'accostera pas,
Et son bateau ne rejoindra pas son port d'attache.

Conte de l'oasien

L'ingratitude

J'ai été généreux pour le pauvre,
J'ai chéri l'orphelin,
J'ai fait en sorte qu'atteigne la richesse celui qui ne possédait rien comme celui qui possédait (déjà),
Et c'est celui qui a partagé mon repas qui lève des troupes (contre moi),
Celui à qui j'ai offert mon bras qui a fait naître la terreur en utilisant cette force.

Amenemhat I

Le bavardage

Ne répands pas ton intériorité devant n'importe qui :
C'est ainsi que disparaîtra tout respect à ton égard.

Aménémopé

Un bavard est un perturbateur pour la cité.

Merikarê

L'homme qui sait respecter prospère,
L'homme humble est digne de louange.
La tente est ouverte au silencieux.
Le siège de l'homme calme est spacieux.
Ne bavarde pas, les couteaux sont aiguisés contre celui qui est sans rectitude.

Kagemni

La médisance

Ne parle contre personne, grand ou petit : c'est l'abomination de la puissance vitale (*ka*).

Ptah-hotep

Ne répète pas une rumeur médisante,
Ne l'écoute pas.
C'est la manière de s'exprimer de celui qui a le ventre brûlant.
Que la rumeur médisante soit jetée à terre.
N'en parle absolument pas.

Ptah-hotep

Le matérialisme

Le cœur de celui qui écoute son ventre disparaît.
Il suscitera, à son égard, le dédain au lieu de l'amour.
Celui au grand cœur est un don de Dieu,
Celui qui obéit à son ventre obéit à l'ennemi ;

Ptah-hotep

Se dorloter

Ne te dorlote pas quand tu es jeune.
Sinon, quand tu seras vieux, tu seras faible.

Ankh-sheshonq

La gloutonnerie

La gloutonnerie est méprisable, il faut la montrer du doigt.
Une coupe d'eau peut suffire à étancher la soif,
Une bouchée de légumes à fortifier le cœur.
Malheureux est celui dont le ventre est avide quand le moment du repas est passé.

Kagemni

Si tes amis boivent trop, dis-leur :
Pas d'alcool pour moi !
Sinon, on te trouvera étendu sur le sol, comme si tu n'étais qu'un petit enfant.

Ani

12

Destinée et voyages du sage

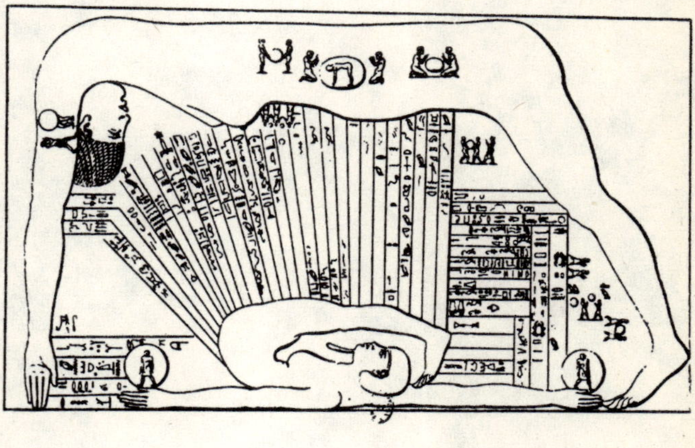

Celui que les dieux guident ne peut pas s'égarer.
Celui qu'ils privent de barque n'aura pas la possibilité de traverser (le fleuve de la vie).

Ptah-hotep

Est conjuré le mauvais sort pour celui qui marche sur l'eau des dieux.
Tandis que celui qui marche sur leur terre est réduit à se battre pour obtenir une bonne destinée.

Temple d'Esna (II, n° 17)

Pour l'être rayonnant qui avance,
Le chemin est construit.

Ptah-hotep

La faculté de transcendance (*ba*) se rend à la place qu'elle connaît.
Elle ne doit pas s'écarter de son chemin habituel.
Ainsi, aucune magie ne lui fera obstacle.

Merikarê

Tu prendras la forme d'un phénix, d'une hirondelle, d'un faucon ou d'un héron, selon ton désir.
Tu traverseras sans être entravé,
Tu vogueras sur le flot,
Tu naîtras une seconde fois.
Tes yeux te seront donnés pour voir,
Tes oreilles pour entendre ce qui est formulé,
Ta bouche parlera,
Tes pieds marcheront,
Tes mains et tes bras bougeront.

Tombe de Paheri

Puisses-tu sortir au jour,
Aller sur tes jambes,
Exercer une maîtrise sur la marche du Lumineux,
Car tu connais les routes secrètes.

Textes des Sarcophages IV, 49n-p

Je marche sur la voie lactée,
En compagnie de la lumière divine et du devenir.
J'ai dirigé correctement mes pas,
Je régis le ciel.

Textes des Sarcophages II, 376d et 164a

Élève le ciel à la hauteur de tes bras,
Élargis la terre à la largeur de ton pas.

Livre de sortir au jour, chapitre 48

Je suis un chacal au pas rapide qui fait le tour de la terre dans l'espace d'un instant.

« Chapelle rouge » d'Hatchepsout

Amon-Râ (le secret et sa révélation par la lumière) est le double mât qui tient bon au vent,
Qui ne vacille pas sous le vent du nord,
Qui ne fléchit pas sous le vent du sud.
Il porte la voile,
Le temps fût-il mauvais,
Et il permet de naviguer.

Ostracon British Museum 5656a

Vénérer Amon-Râ, le roi des dieux, le primordial, celui qui est venu à l'existence le premier, dieu unique, celui qui est aimé, celui qui soulève le ciel, qui a créé le ciel, la terre et les eaux !
Viens à moi, Amon,
Fais que j'atteigne la limite du désert.
Toi qui sauves le naufragé,
Fais que j'atteigne la terre ferme.

Relief thébain, Musée du Caire, JE n° 43591

La tempête s'écarte du voyageur qui se souvient du nom d'Amon.
Elle devient un vent doux pour qui l'invoque.
Ainsi est sauvé le naufragé.
Amon est plus efficace que des millions pour qui le place en son cœur.
Grâce à son nom, l'homme seul devient plus fort que la multiplicité.

Hymne à Amon de Leyde (70)

Je suis le cœur du Maître,
Les yeux et les oreilles du souverain.
Vois, je suis un capitaine de navire qui lui appartient.

J'ignore le sommeil nuit et jour.
Je me lève et je m'assois,
Mon cœur sous la corde d'avant et la corde d'arrière.

Tombe de Rekhmirê

Si tu manœuvres correctement le gouvernail,
Tu seras dans le sens du courant qui mène vers l'accomplissement de la justesse.
Veille à ne pas entreprendre un voyage qui te serait néfaste à cause de la corde du gouvernail.

Conte de l'oasien

Je suis cette rame-gouvernail de la lumière divine avec laquelle elle satisfait la Parfaite, cette rame qui ne se brûle pas au feu et ne se mouille pas à l'eau.

Textes des Sarcophages V, 15b-16a.

Je suis celle qui possède la rame dans la barque du commandement.
La souveraine de vie,
Guide de la lumière sur les belles routes,
Je suis celle qui fixe les câbles devant les gouvernails, sur les routes de l'Occident,
Je suis la Troisième,
La souveraine de brillance,
Celle qui guide le grand qui est épuisé sur les routes des éveillés.
Je suis celle qui possède la splendeur sur les routes du ciel nuageux.
Je suis celle qui possède les vents dans l'île de la joie,
Je suis celle qui possède des avirons,
Qui guide ceux qui sont dans leurs cavernes,

Je suis Hathor,
Souveraine du ciel du nord,
Qui fixe les câbles des éveillés,
Je suis une place de quiétude pour celui qui pratique la justesse.
Un bac pour ses élus,
Celle qui crée la barque pour traverser le juste.

Textes des Sarcophages IV, 177a-j et *Livre de sortir au jour, chapitre 186*

L'être dévié n'entre pas dans la place de la rectitude,
Le pays du silence.
Seul l'être au cœur droit est admis dans le bac,
Car le passeur ne traverse pas les êtres déviés.
Comme il est heureux, celui qui aborde !

Hymne à Amon de Leyde (800)

13

Vie, mort et au-delà

La durée de vie

Si éloigné qu'Amon soit sur ses chemins,
Ses yeux et ses oreilles demeurent ouverts.
Il entend les appels de celui qui les prononce,
Et, un instant, vient du lointain pour celui qui l'invoque.
C'est lui qui prolonge ou raccourcit le temps de vie.
Il change le destin de celui qu'il aime.

Hymne à Amon de Leyde (70)

Tout homme qui est un connaissant atteindra l'âge de cent dix ans.
Dix années de sa vie seront sans désordres, sans impuretés, sans fautes et sans mensonges, conformément à ce qu'accomplit un ignorant devenu un sage.
C'est pourquoi il mangera du pain aux côtés du dieu puissant, chaque jour.

Textes des Sarcophages, chapitre 228

La mort

Être tenu à l'écart de la mort est mauvais pour les hommes.

Textes des Pyramides 1439c

Quand la mort vient, elle s'empare de l'enfant qui se trouve dans les bras de sa mère, comme du vieillard.

Ani

L'Occident est la demeure de celui qui n'a pas transgressé la Règle.
Heureux celui qui y parvient!
Personne n'y parvient,
Sinon celui dont le cœur est exact à pratiquer la Règle.
Là-bas, pas de distinction entre le pauvre et le riche,
Sinon en faveur de celui qui est en rectitude quand la balance et le poids se trouvent devant le maître de l'éternité.

Pétosiris

Heureux celui qui parvient à l'Occident,
Alors qu'il est en sécurité dans la main de Dieu.

Aménémopé

La mort est aujourd'hui devant moi comme la guérison après une maladie,
Comme la liberté après l'emprisonnement.

La mort est aujourd'hui devant moi comme le parfum de la myrrhe.
Comme être assis sous la voile un jour de vent.
La mort est aujourd'hui devant moi comme la senteur du lotus,
Comme être assis sur les rivages de l'ivresse.
La mort est aujourd'hui devant moi comme le moment où cessent les intempéries, comme le moment où l'on revient chez soi de retour d'une expédition,
La mort est aujourd'hui devant moi comme une éclaircie dans le ciel, comme la découverte de ce que l'on ignorait.
La mort est aujourd'hui devant moi comme quand un homme désire revoir sa demeure après avoir passé des années en captivité.

Dialogue d'un homme avec son âme-ba

La tombe

Ne t'égare pas dans le monde extérieur tant que tu ignores le lieu de ton repos éternel.

Ani

Embellis ta demeure dans la nécropole,
Enrichis le lieu de l'Occident où tu te trouveras.
Accueille cette pensée,
Car la mort est étroite pour nous,
Et la vie exaltante.
La demeure de la mort est destinée à la vie.

Hor-djedef

Quant à cette tombe de mon domaine, je l'ai construite sous l'ombre. J'étais un vénérable parfait auprès des hommes et auprès de Dieu. Pas une fois on ne m'a apporté une pierre provenant de la tombe de quiconque pour construire la mienne. On se souvient du jugement dans l'Occident.

Inscription de Remen-oui-kai (Revue d'égyptologie 42, 1991, p. 263)

Le tribunal de l'autre monde

L'assemblée des juges rend la justice pour les accablés, et tu sais qu'ils ne sont pas indulgents le jour où ils rendent la justice pour celui qui la subira.
Et c'est d'autant plus grave lorsque l'accusateur est un sage !
Ne t'illusionne pas sur la longueur des années : ils voient la durée de l'existence comme une heure.
Un homme survit après sa mort,
Et ses actions sont mises en tas à côté de lui.
C'est l'éternité qui se joue,
Et bien stupide qui n'en tient pas compte.
Celui qui y parviendra sans avoir commis le mal,
Il sera là-bas comme un dieu,
Il se déplacera librement comme les maîtres de l'éternité.

Merikarê

La vie au-delà de la mort

Tout être qui est connaissant ne mourra pas de la seconde mort.
Ses ennemis n'exerceront aucune influence sur lui.
Nulle magie ne le retiendra sur terre.

Textes des Sarcophages, chapitre 83

Vis la vie car, vraiment, tu ne meurs pas la mort.

Textes des Pyramides 810a

Ô Osiris le roi,
Tu es parti, (mais) tu reviendras.
Tu as dormi, (mais) tu t'éveilleras.
Tu abordes (au rivage de l'au-delà, mais) tu vis.

Textes des Pyramides 1975a-b

Tout bienheureux qui connaît le secret d'Osiris caché dans les ténèbres demeure un vivant parmi les vivants.

Textes des Sarcophages VII, 364

Déesse du ciel,
Étends-toi sur moi,
Fais-moi pénétrer dans la vie qui est tienne.
Ne ferme pas tes portes devant moi.
Puissé-je traverser le firmament,
M'unir aux portes de l'aurore.

Textes des Sarcophages, chapitre 644

Ma protection provient de tous les dieux, éternellement.
Je suis quelqu'un dont le nom est secret.
Je suis celui qui n'a pas été compté.
Je suis totalement indemne.

Livre de sortir au jour, chapitre 7

Remets en ordre tes os,
Rassemble tes membres,
Tourne ton visage vers le Bel Occident :
Tu reviendras rajeuni, chaque jour.

Textes des Sarcophages VII, 255b-d

Le ressuscité est celui qui s'envole parmi ses frères les dieux dans la contrée de lumière.

Textes des Sarcophages VI, 296g-h

Tendez-moi vos mains, je suis né de vous !
Vous êtes le verbe et l'intuition connaissante, qui sont chaque jour auprès du créateur.

Textes des Sarcophages, chapitre 335 A

Je suis né de la puissance créatrice, née d'elle-même.
Elle m'a conçu dans son cœur,
Elle m'a créé avec sa puissance magique.
Je ne suis pas né d'un enfantement humain.

Textes des Sarcophages, chapitre 75

Tu vis de cette vie douce dont vit le maître de la contrée de lumière, du grand flot qui se trouve dans le ciel.

Textes des Pyramides 1772c

Qu'il fasse durer mon nom comme les étoiles du ciel,
Qu'il affermisse ma statue comme celle d'un de ses suivants,
Qu'il se souvienne de ma puissance créatrice dans son temple, nuit et jour,
Que ma jeunesse soit renouvelée comme la lune,
Que mon nom ne soit pas oublié pour l'éternité.

Statue Caire n° 42237

Le paradis de l'au-delà

Je n'ai pas négligé le jour d'aborder l'autre monde,
Je me suis souvenu de ceux qui reposent dans leurs demeures d'éternité.
J'ai agi de manière à ce qu'ils en sortent pour banqueter dans la joie.
Aussi suis-je arrivé dans le royaume de l'au-delà avec la faveur des dieux.

Statue Caire n° 42231

La peur n'existe pas dans l'au-delà.
Il rejette les querelles.
Là, personne ne redoute personne,
En ce pays qui ne connaît pas la discorde.

Tombe thébaine de Neferhotep (éditions Hari)

Formule pour se trouver dans la campagne de la plénitude parmi les suivants d'Osiris et parmi les suivants de Thot, chaque jour : ils mangent du pain parmi les vivants, ils ne meurent pas, le souffle vital est dans leur nez.

Textes des Sarcophages, chapitre 1162

Contempler les campagnes, les villes, les terrains, labourer, moissonner, voir la lumière divine (Râ), le Ressuscité (Osiris), la connaissance (Thot) chaque jour, avoir la maîtrise de l'eau et de l'air, faire tout ce qu'on aime comme celui qui se trouve dans l'île de feu, alors que la vie se trouve dans son nez sans que la mort soit possible, demeurer dans la campagne de la plénitude où se trouvent les champs et les nourritures, pour toujours et à jamais.

Textes des Sarcophages, chapitre 467

Le vent du sud se change pour toi en vent du nord.
On dirige ta bouche vers les pis de la vache céleste.
Tu deviens pur pour regarder le soleil.
Tu fais une ablution dans le bassin divin.
Tu es justifié auprès de la lumière divine.
Tu es durable auprès du Ressuscité (Osiris).
Viens en toute quiétude vers ta puissance vitale.

Chant du harpiste (BIFAO 35)

Tu as la maîtrise de ta conscience,
De ton cœur,
De tes bras et de tes jambes.
Tu disposes de tes offrandes funéraires.
Tu as la maîtrise de l'eau, de l'air, du flot fécondant, des deux rives,
De ceux qui voudraient agir contre toi dans le royaume de dessous terre.
Tu ne te nourris pas de nourritures terrestres.

Textes des Sarcophages, chapitre 225

L'être de lumière

L'être de lumière est destiné au ciel.

Textes des Pyramides 474a

Donne la plénitude à l'esprit de lumière,
Fais ce qu'il aime.

Ani

J'ai exploré le ciel,
J'ai creusé la contrée de lumière,
J'ai parcouru la lumière,
J'ai suivi son parcours en marchant,
Je suis devenu maître des puissances spirituelles de mon prédécesseur,
Car je suis réellement un être de lumière équipé.

Textes des Sarcophages, chapitre 574

L'âme-oiseau (le ba)

Un homme doit accomplir ce qui est utile et lumineux pour son *ba.*

Merikarê

Je viens vers toi, maître de la terre sacrée.
J'ai pratiqué la Règle sur terre, sans écart;

Permets-moi d'être glorifié dans le ciel et puissant sur terre,
Rendu juste comme les maîtres de la matrice stellaire.
Que ma capacité de me mouvoir (*ba*) me permette de me déplacer à l'endroit où je désire aller.

Stèle de Romé (Abydos) (Mariette, Catalogue général des monuments d'Abydos, n° 1122)

Ta faculté de mouvement (*ba*) sera vivante pour toujours,
Comme Orion dans le ventre de la déesse Ciel.
Tu te manifesteras en être d'or,
Tu brilleras comme l'électrum.
Dans la matrice stellaire, tu rempliras une fonction royale.
Ton nom sera grand dans l'Occident.

Rituel de l'embaumement

14

Le temple et les rites

Construire

Dieu s'est construit avant que n'existent le ciel et la terre,
Alors que la terre se trouvait encore dans l'océan d'énergie primordiale.
Il a élevé la voûte céleste et étendu le sol.

Carrière de Toura

Dieu m'a construit afin de faire pour lui ce qui doit être fait et d'accomplir ce qu'il m'a ordonné d'accomplir.

Rouleau de cuir de Berlin (Sésostris I)

Érige des monuments pour Dieu :
Ce sont eux qui feront vivre le nom de celui qui les a construits.

Merikarê

Le temple

Tournez vos regards vers ce temple où Sa Majesté vous a placés.
Il navigue au ciel en regardant ici.
Il est en plénitude lorsque sa Règle est respectée.

Règle d'Edfou

Tant que le ciel sera établi sur ses quatre supports,
Que la terre sera stable sur ses fondements,
Tant que Râ brillera le jour et que la lune luira la nuit,
Tant qu'Orion sera la manifestation d'Osiris
Et Sirius la souveraine des étoiles,
Tant que l'inondation viendra à son heure
Et que la terre fera croître ses plantes,
Tant que le vent du nord soufflera au bon moment,
Tant que les décans rempliront leur fonction
Et que les étoiles resteront à leur place,
Le temple sera stable comme le ciel.

Temple de Kom Ombo

Le maître d'œuvre construit un temple dont le sommet est aussi haut que le ciel.
Le soleil se lève par amour pour lui.

Abou Simbel

Dans son village, le temple est comme le ciel.

Temple de Sahourê

Ouvertes sont les portes du ciel,
Déverrouillées les portes du temple.
La demeure est ouverte pour son maître :
Qu'il sorte quand il veut sortir,
Qu'il entre quand il veut entrer.

Rituel de l'ouverture de la bouche

Acccomplis chaque mois le service de prêtre pur,
Porte des sandales blanches,
Unis-toi au temple,
Pénètre les mystères,
Entre dans le sanctuaire secret,
Mange le pain dans le temple.

Merikarê

Rites, fêtes et offrandes

Pour être le maître de la vie dont la vie se renouvelle éternellement, ton nom doit être :
Celui qui vit des rites.

Livre second des Respirations

Célèbre la fête de ton dieu et recommence ce rite au bon moment.

Ani

Lors de la fête du mois,
De la fête du sixième jour,
De la fête du demi-mois,
De la grande procession,

Du lever de Sothis,
De la fête-*ouag* *,
De la fête de Thot,
De la fête de la première naissance,
De la naissance d'Isis,
De la procession de Min **,
De la procession du prêtre funéraire,
Du repos du soir,
De la montée du fleuve,
Lors des fêtes du ciel à leur jour fixé,
En accord avec la tradition quotidienne,
Tu seras vêtu d'une robe de lin fin et des vêtements qui vêtent le corps du dieu,
Tu seras oint d'huile pure,
Tu boiras de l'eau provenant du rebord de l'autel.

Tombe de Paheri

Qu'accordent l'offrande Pharaon et Anubis, celui qui se trouve sur sa montagne, qui préside à la chapelle divine et à la matrice de résurrection, le maître de la terre sacrée.
Puisse-t-il te permettre d'atteindre un grand âge en plénitude,
D'être enterré dans l'Occident,
De devenir vénérable auprès du grand dieu,
De marcher en paix sur les parfaits chemins de l'Occident,
Et de t'élever vers Dieu, maître du ciel.
Que Pharaon te fasse connaître la transfiguration par les rites, lors de chaque fête sacrée.

Tombe de Hirkhouf (Assouan) et formules de « fausses portes »

* Fête en l'honneur des défunts.
** Dieu de la fécondité spirituelle et matérielle.

Fais en sorte que les offrandes soient abondantes et les pains innombrables,
Augmente l'offrande quotidienne.
C'est un acte lumineux et utile pour qui l'accomplit.

Merikarê

Faites offrande avec ce qui se trouve dans vos mains.
Si vous ne possédez rien,
Prononcez l'offrande avec vos paroles.

Stèle Caire 20003

Je le formule pour vous,
Je vous le fais savoir :
Prononcer la formule d'offrande ne rend pas pauvre et ne cause aucune difficulté.
Elle permet de n'avoir aucun différend avec autrui,
Elle ne contraint pas celui qui se trouve dans le besoin.
C'est un discours agréable qui élève,
Ce sera bon pour vous quand vous la prononcerez.

Tombe de Paheri

Quand les offrandes divines descendent,
Le visage des hommes est éclairé,
Le cœur des dieux est en joie.

Textes des Pyramides 1554b

AU TEMPS DES SAGES...

Souviens-toi des rites accomplis dans la chapelle, des fumigations avec l'encens, de l'offrande de l'eau dans une jarre lors du rituel du matin ;
Souviens-toi de l'apport des oies grasses, des oies et des volailles, et de la présentation des offrandes divines aux dieux ;
Souviens-toi du natron que mâchait le prêtre et des pains blancs que l'on préparait ;
Souviens-toi de l'érection des mâts, des tables d'offrande que l'on sculptait, des prêtres purs purifiant les temples, du temple blanc comme le lait, de la douceur du parfum de la contrée de lumière, de la purification des offrandes ;
Souviens-toi de l'observance de la Règle, de la juste ordonnance des moments rituels.

Ipou-our

Bibliographie

H. Brunner, *Die Weisheitsbücher der Ägypter*, Munich, 1991, donne la traduction de nombreux textes relatifs à la sagesse et une bibliographie détaillée. On consultera aussi le précieux recueil de M. Lichtheim, *Ancient Egyptian Literature*, 3 volumes, 1975-1980, Berkeley-Los Angeles-London ; A. Barucq et F. Daumas, *Hymnes et prières de l'Égypte ancienne*, Paris, 1980.

Sur le thème de la sagesse, voir *Les Sagesses du Proche-Orient ancien*, Paris, 1963 ; R. J. Williams, The Sages of Ancient Egypt in the Light of Recent Scholarship, *Journal of Ancient Oriental Studies* 101, 1981, 1-19 ; N. Shupak, *Where can Wisdom be found? The Sage's Language in the Bible and Ancient Egyptian Literature (A.E.L.)*, Fribourg/Göttingen, 1993.

Voici des indications bibliographiques pour les principaux textes cités :

Amenemhat (l'enseignement d'Amenemhat I à son fils Sésostris Ier) :

– Helck W., *Der Text der « Lehre Amenemhets I für seinen Sohn »*, Wiesbaden, 1969.
– Lichtheim M., *A.E.L.* I, 135-139.
– Goedicke H., *Studies in « The Instructions of King Amenemhet I for his son »*, 2 vol., San Antonio, 1988.
– Brunner H., *Die Weisheitsbücher*, 169-177.

Aménémopé
– Lange H. O., *Das Weisheitsbuch des Amenemope, aus dem Papyrus 10.474 des British Museum*, 1925.
– Griffith F. Ll., The Teaching of Amenophis the son of Kanakht, *Journal of Egyptian Archaeology* 12, 1926, 191-231.
– Grumach I., *Untersuchungen zur Lebenslehre des Amenope*, Munich, 1972.
– Lichtheim M., *A.E.L.* II, 146-163.
– Brunner H., *Die Weisheitsbücher*, 234-256.
Amon-Nakht :
– Brunner H., *Die Weisheitsbücher*, 231-233.
Ani :
– Suys E., *La sagesse d'Ani*, Rome, 1935.
– Lichtheim M., *A.E.L.* II, 135-146.
– Brunner H., *Die Weisheitsbücher*, 196-214.
– Quack J.F., *Die Lehren des Ani*, Fribourg/Göttingen, 1994.
Ankh-sheshonq :
– Lichtheim M., *A.E.L.* III, 159-184.
– Brunner H., *Die Weisheitsbücher*, 257-291.
Conte de l'oasien :
– Vogelsang F., *Kommentar zu den Klagen des Bauern*, Hildesheim, 1964.
– Lefebvre G., *Romans et contes égyptiens de l'époque pharaonique*, Paris, 1976, 41-69.
– Parkinson R.B., *The Tale of the Eloquent Peasant*, Oxford, 1991.
Enseignement loyaliste :
– Posener G., *L'enseignement loyaliste. Sagesse égyptienne du Moyen Empire*, Paris, 1976.
– Brunner H., *Die Weisheitsbücher*, 178-184.
Hor-djedef :
– Helck W., *Die Lehre des Djedefhor und die Lehre eines Vaters an seinem Sohn*, Wiesbaden, 1984.
– Brunner H., *Die Weisheitsbücher*, 101-103.
Ipou-our :
– Gardiner A.H., *The Admonitions of an Egyptian Sage*, Hildesheim, 1969.
– Faulkner R.O., The Admonitions of an Egyptian Sage, *Journal of Egyptian Archaeology* 51, 1965, 53-62.

– Lichtheim M., *A.E.L.* I, 149-163.
– Helck W., *Die « Admonitions » Pap. Leiden I 344 recto*, Wiesbaden, 1995.

Kagemni :
– Lichtheim M., *A.E.L.* I, 59-61.
– Brunner H., *Die Weisheitsbücher*, 133-136.

Kha-kheper-rê-seneb :
– Kadish G.E., British Museum Writing Board 5645 : The Complaints of Kha-Kheper-Re-Senebu, *Journal of Egyptian Archaelogy* 59, 1973, 77-90.
– Lichtheim M., *A.E.L.* I, 145-149.
– Chappaz J.-L., Un manifeste littéraire du Moyen Empire. Les lamentations de Kha-khéper-rê-séneb, *Bulletin de la société égyptologique de Genève* n° 2, 1979, 3-12.

Livre de sortir au jour :
– Barguet P., *Le Livre des Morts des anciens Égyptiens*, Paris, 1967.

Merikarê :
– Lichtheim M., *A.E.L.* I, 97-109.
– Helck W., *Die Lehre für König Merikare*, Wiesbaden, 1977.
Brunner H., *Die Weisheitsbücher*, 137-154.
– Quack J.F., *Studien zur Lehre für Merikare*, Wiesbaden, 1992.

Pap. Brooklyn :
– Jasnow R., *A Late Period Hieratic Wisdom Text (P. Brooklyn 47.218.135)*, Chicago, 1992.

Papyrus Insinger :
– Lexa F., *Papyrus Insinger. Les enseignements moraux d'un scribe égyptien du premier siècle après J.-C.*, 2 vol., Paris, 1926.
– Lichtheim M., *A.E.L.* III, 184-217.
– Brunner H., *Die Weisheitsbücher*, 295-349.

Pétosiris :
G. Lefebvre, *Annales du Service des Antiquités de l'Égypte*, XX, 1920, 41-121 et 207-236 ; XXI, 1921, 40-60, 145-162 et 222-246 ; XXII (1922), 33-48 et 139-156.

Ptah-hotep :
– Žaba Z., *Les Maximes de Ptahhotep*, Prague, 1956.
– Brunner H., *Die Weisheitsbücher*, 104-132.
– Lichtheim M., *A.E.L.* I, 61-80.

– Jacq C., *L'enseignement du sage égyptien Ptahhotep. Le plus ancien livre du monde*, 1993.

Textes des Pyramides:

– Faulkner R.O., *The Ancient Egyptian Pyramid Texts*, Oxford, 1969.

Textes des Sarcophages:

– Faulkner R.O., *The Ancient Egyptian Coffin Texts*, 3 vol., Warminster, 1973-1978.

– Barguet P., *Textes des sarcophages égyptiens du Moyen Empire*, Paris, 1986.

Illustrations : d'après les dessins exécutés sous la direction de Champollion; dessins de Vivant-Denon; Clichés E.R.L.

Table

DU MÊME AUTEUR

Essais sur l'Égypte ancienne

L'Égypte des grands pharaons (couronné par l'Académie française), Perrin.
La tradition primordiale de l'Égypte ancienne selon les Textes des Pyramides, Grasset.
Pouvoir et Sagesse selon l'Égypte ancienne, Éditions du Rocher et Pocket (sous le titre : *Sagesse égyptienne*).
Le Monde magique de l'Égypte ancienne, Éditions du Rocher.
Les Grands Monuments de l'Égypte ancienne, Perrin.
Le Voyage dans l'autre monde selon l'Égypte ancienne, Éditions du Rocher.
Néfertiti et Akhénaton, le couple solaire, Perrin.
La Vallée des Rois. Histoire et découverte d'une demeure d'éternité, Perrin.
L'Enseignement du sage égyptien Ptahhotep. Le plus ancien livre du monde, Éditions de la Maison de Vie.
Initiation à l'égyptologie, Éditions de la Maison de Vie.
Le Petit Champollion illustré, Les hiéroglyphes à la portée de tous ou Comment devenir scribe amateur tout en s'amusant, Robert Laffont.
Les Égyptiennes, Portraits de femmes de l'Égypte pharaonique, Perrin.

Albums

Voyage sur le Nil, Perrin.
Sur les pas de Champollion. L'Égypte des hiéroglyphes (épuisé).
Le Voyage aux Pyramides, Perrin.
Karnak et Louxor, Pygmalion.
La Vallée des Rois. Images et mystères, Perrin.
Sur les pas de Ramsès, Robert Laffont.

Album pour la jeunesse

Les pharaons racontés par Christian Jacq, Perrin.

Romans

Ramsès, Robert Laffont et Pocket
1. *Le Fils de la Lumière*
2. *Le Temple des millions d'années*
3. *La Bataille de Kadesh*
4. *La Dame d'Abou Simbel*
5. *Sous l'acacia d'Occident*

Le Pharaon noir, Robert Laffont.
Le juge d'Égypte, Plon et Pocket
1. *La Pyramide assassinée*
2. *La Loi du désert*
3. *La Justice du vizir*

Champollion l'Égyptien, Éditions du Rocher et Pocket.
La Reine Soleil, Julliard (prix Jean'heurs 1989) et Pocket.
L'Affaire Toutankhamon, Grasset (prix des Maisons de la Presse 1992) et Pocket.
Barrage sur le Nil, Robert Laffont et Pocket.
Pour l'amour de Philae, Grasset et Pocket.
Maître Hiram et le roi Salomon, Éditions du Rocher et Pocket.
Le Moine et le Vénérable, Robert Laffont et Pocket.
La prodigieuse aventure du lama Dancing (épuisé).
L'Empire du pape blanc (épuisé).

Romans pour la jeunesse

La Fiancée du Nil, Magnard (Prix Saint-Affrique 1993).
Contes et légendes du temps des pyramides, Nathan.

Cet ouvrage a été réalisé par la
SOCIÉTÉ NOUVELLE FIRMIN-DIDOT
Mesnil-sur-l'Estrée
pour le compte des Éditions Robert Laffont
24, avenue Marceau, 75008 Paris
en mars 1998

Imprimé en France
Dépôt légal : mars 1998
N° d'édition : 38857 – N° d'impression : 41823